暮らしと手料理 1

料理旅から、ただいま

ふるさとからのお土産レシピ

minokamo・著

風土社

もくじ

春

【本の決まり】

＊各記事の料理名は、郷土料理をアレンジしたものです。

＊大さじは 15ml、小さじは 5ml です。

はじめに

岐阜県の美濃加茂市から上京し、今は「ｍｉｎｏｋａｍｏ」という屋号で料理をしています。

私の原点は、祖母の料理。子どもの頃から祖母の家に遊びに行っては畑や田んぼ仕事を一緒にして、祖母が育てた野菜を頬ばっていました。祖母は赤かぶ漬けや朴葉寿司、味ごはん、みそ玉……そんな料理で迎えてくれ、大人数で囲む食卓の楽しさも自然と知りました。その経験と味が、活動の基準となっています。

当たり前のように食べていた祖母の料理が郷土食だと知ったのは、故郷を離れてから。あらためて、郷土食とはひと皿の中に先人たちの知恵と歴史、思いやりが詰まった文化だと気がつき、つないでいきたいという思いが強くなりました。それからは、家庭料理として郷土食をつくっている各地の方たちを訪ねています。

本書では、各地の郷土食の知恵と美味しさをおすそ分けしたく、全国の方につくっていただけるようアレンジしたレシピをご紹介します。

まずは私の故郷、岐阜県が旅のはじまり。これからも旅は続きます。

minokamo

田植えが終わった頃の、眩しい緑に包み込まれる祖母の家。

岐阜県加茂郡七宗町

赤かぶ漬け

故郷の岐阜県にいた頃は、日常的に食べていた赤かぶ漬け。うちの祖母は漬物小屋にある木樽の中で漬け込んでいました。夕飯の時間になるとそこから赤かぶ漬けを持ってきてくれる祖母。発酵したいい香りがふんわり漂います。あの独特の発酵した香りは、やっぱり手づくりならでは。塩や人の手によって発酵具合もそれぞれです。

子どもの頃は普通に食べていましたが、今思うととても貴重な風味です。赤かぶ漬は岐阜の直売所やスーパーでも気軽に買えますが、各家庭の味を知るのも楽しいものです。

祖母はたくあんや白菜も漬けていました。岐阜の寒い時期には、発酵がすすみ酸っぱくなった漬け物を炒めて食べる「漬物ステーキ」もあります。子どもには見た目が地味でそそられませんでしたが、食べて見るとコクがありとても美味しいと思ったこともあります。祖母が切ってくれた赤かぶ漬けをお茶漬けにして食べることもありました。

赤かぶ漬けは全国的にも見られる甘酢漬けがありますが、岐阜県のものは塩だけで漬ける乳酸菌発酵の漬け物です。漬けるのは11月頃。1年分の量を漬け込みます。3月頃になると熟成がすすみうま味が出始め、12月には古漬けとして最も熟成します。

赤かぶ漬けは農作物もない寒い時期の貴重な保存食であると同時に、かぶの美しい紅色が食卓に華を添えていたことでしょう。祖母との食卓、故郷を思い出す懐かしい味です。

岐阜県美濃加茂市

朴葉寿司

子どもの頃から初夏になると食べてきた朴葉寿司。時期は朴の葉がやわらかい5月中旬～7月上旬くらい。毎年このお寿司に対面すると、今年も初夏が来た！　と胸躍るものです。各家庭の卓上一面に何十枚もの朴葉を並べてつくる光景は、この地域の風物詩です。親戚の集いでは祖母や親戚のおばちゃんをはじめ、ご近所さんもつくってくれて「持ってきゃあ、沢山食べやあよ」とおすそ分けしてくれます。

私の実家のご近所にお住まいの小倉ときさんにもつくり方を教えていただきました。もともとは「おかめ食堂」を営み、今は若い人向けの料理教室などをされています。朴葉寿司は東京に住んでいるお孫さんたちにも送るので、一度につくる量は100個ほど！　ちょっと驚く量ですが、みんなこのお寿司が大好きなのですぐお腹の中に旅立っていくのです。

朴葉寿司の仕込みは、庭にある朴の葉の収穫から始まります。酢飯、鮭、しその実、あさりの佃煮、紅生姜を準備。洗った朴葉を卓上一面に並べ、手際よく酢飯、具材をのせていきます。葉でしっかり包みこみ、箱の中にきっちり重ねて詰めます。最後に上に重しをのせ半日～1日おいてごはんをなじませたらできあがり。

鮭の代わりに鯖を入れたり、特別な時は「へぼ（蜂の子）」の佃煮を入れることも。もともとは、朴葉に殺菌作用があり手が汚れないからと、農作業時のお昼ごはんだったお寿司。田植えを終えた景色を眺めながらほおばるお寿司は格別だったことでしょう。

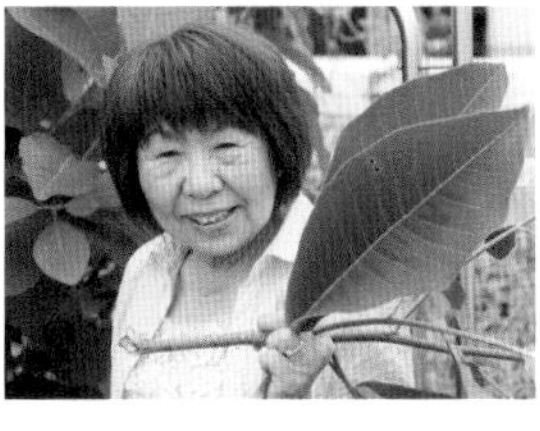

玉みそ

岐阜県関市下之保

玉みそづくりを続ける丹羽益子さん75歳の自宅にお邪魔すると、丸めた大豆を天井から数珠なりに吊るした風景が広がっていました。

玉みそとは、蒸した大豆を潰してドーナツ状に丸め、乾燥させてから醤油などに漬け込んだもの。益子さんが子どもの頃は味噌は貴重品で、日常的に食べられていたのが玉みそだったそうです。醤油も贅沢品で、当時は塩水に漬け込んだだけの玉みそでした。「昔は味噌といえば玉みそ。素朴だけどおいしかった」と振り返ります。

玉みそはすり潰し、味噌汁や和え物にするそうです。丸い形は携帯するための工夫で、山仕事に持っていき、水で溶いた玉みそに焼き石を入れて即席の味噌汁をつくったり、ごはんのお供としても重宝しました。今は醤油と米麹に漬けるので、うま味の増した玉みそになりました。

玉みそをつくる家庭は少なくなりましたが、ふるさとの味を残そうと益子さんは60歳から生産を始め、地元の道の駅に出荷しています。

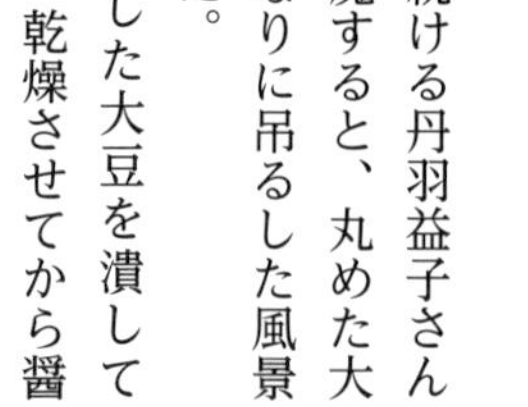

玉みそづくりは1月から始まります。蒸した大豆を潰しドーナツ状に丸めたものを今年は約２０００個つくったそう。およそ3カ月かけて乾燥させ、11月頃まで漬け込みます。

食べてみると、普通の味噌よりも大豆を凝縮させた味わいと噛み応えがありました。味噌汁、和え物、そして岐阜ではお馴染みの朴葉味噌、鶏ちゃんも食卓に並びました。いちばんのおすすめは、ほぐした玉みそと刻んだ葱、鰹節を混ぜた一品。炊きたてのごはんにのせると箸がとまらなくなる美味しさでした。

岐阜県中津川市蛭川

しし肉ごはん

山間部の多い岐阜県は、昔からイノシシなどの狩猟が盛んです。この地で半世紀以上にわたりイノシシ猟を続ける県内最高齢93歳の猟師、鷲見米二さんと妻の朝子さん夫妻を訪ねました。自宅横の離れには、わら細工名人でもある米二さんがつくったわらじが吊るされていました。

かつては、仲間と獲物を追い込む「巻き狩り猟」をしていましたが、高齢の現在は一人でもできる「くくりわな」をされているそう。イノシシの習性を熟知し、わなを仕掛ける時には人間の臭いを残さないなど細心の注意を払い「猟はイノシシと人間の知恵比べ」と話します。

振る舞っていただいたのは、囲炉裏で熱した溶岩板で焼き、塩と胡椒のシンプルな味付けでいただくしし肉。初冬の肉がいちばん脂肪を蓄えているそうで、口に入れると脂がとろけていきました。きちんと血抜きをされているので臭みはいっさいありません。そして、しし肉ごはんは、炊飯器に刻んだしし肉、人参、調味料を入れて炊きます。シンプルなつくり方ですが「しし肉の脂で米が締まって芯が残りやすいから炊くのにコツがいるんよ」と朝子さん。しし肉を使った家庭料理は、すきやき、牛蒡や人参、こんにゃくとのうま煮、大根と里芋と炊く味噌煮などがあるそうです。

蛭川周辺では戦後植林が進み、檜林が増えました。山肌まで日が当たらず、イノシシが好む山芋や百合根が育たなくなったことが山を下りてくる一因になったといいます。野生鳥獣が増える一方、狩猟者は減少しています。米二さんは後に続く猟師を育てたいという思いもあるそうです。

地獄うどん

岐阜県本巣郡北方町（旧徳山村）

徳山ダムに沈んだ旧徳山村（揖斐郡揖斐川町）に「地獄うどん」なる料理があったと聞き、同村出身で本巣郡北方町にお住まいの郷土史家、大牧冨士夫さんとフサヱさん夫妻を訪ねました。

フサヱさんが嫁いだ昭和30年代、村にはまだ電気が通っていなかったそう。それでも「自然に人が合わせて暮らしていたので不自由とは思わなかった」と。電気が通ったと同時に貴重な現金収入だった炭の値段が下がり始め、ダム建設の話が持ち上がりました。冨士夫さんは村を離れる寂しさを感じましたが、貧しい暮らしからダムに希望を託す村人の思いもあったと言います。

地獄うどんは、缶詰の鯖の水煮と刻んだ葱を椀に入れ、茹でたてのうどんを加えたら醤油をまわしかけ、好みで唐辛子をかけて食べます。徳山の人は「じごう」と言い、囲炉裏の釜でぐらぐらと煮えるうどんをみんなで囲んで食べたそうです。昔は正月にも食べるごちそうだったと冨士夫さん。子どもの頃は炭焼きや木挽きの仕事で現金収入があると、父親が乾物のうどんを買ってきてくれたとか。地獄うどんに魚を入れるようになったのは戦後のことだそうです。

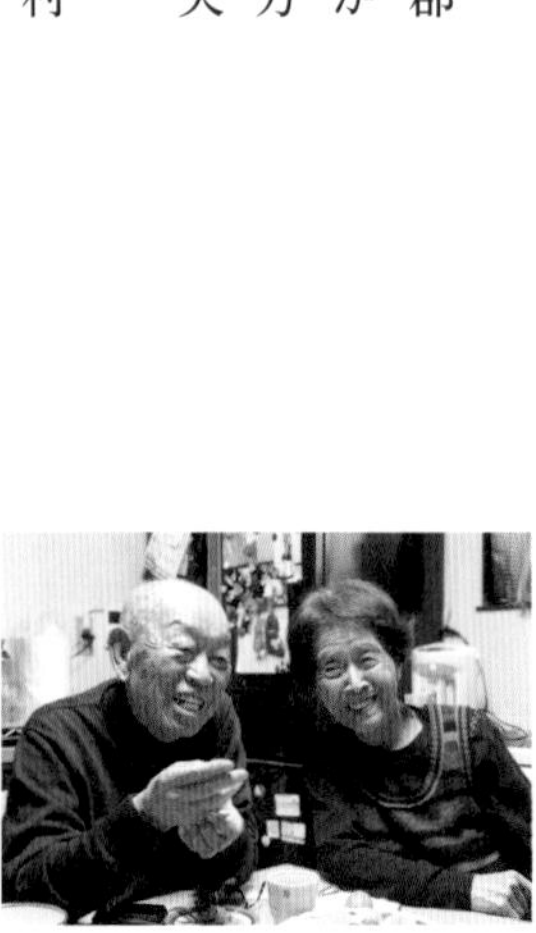

奥さんのフサヱさんは本も出版されるほどの料理上手。うどんのほか、里芋の茎を干した「ダツ」は、くるみ和え、煮物、三杯酢で。そしてきくらげの炒り煮など昔から貴重だった保存食の乾物を使った料理が並びました。きくらげは村人が大切にしていたトチの木によく生え、炒り煮は徳山の冠婚葬祭に欠かせない料理だったそうです。

塩いか

岐阜県高山市馬場町

高山市に昔からあるという「塩いか」。市内のスーパーに足を運び、魚コーナーで初めて対面した塩いかは、いか飯のような形をしていました。

この塩いかについて知ろうと、高山市の古い町並みの近くに住む神出加代子さんを訪ねました。神出さんは仲間と女性や手仕事の歴史を調べていくうちに、女性がつくる料理が地域の文化を支えていたことに気づき、郷土料理の資料まとめに取り組んできました。

塩いかは保存食。冷蔵技術のなかった頃、生のイカを茹でてお腹にたっぷりの塩を詰めることで保存性を高め、夏場でも北陸から飛騨まで運ぶことができました。流通が発達した今でも夏は塩いか、冬は煮いかが郷土の味として根づいているそうです。

料理は東京から帰省していた長女の前原民子さんとつくっていただきました。一品目は「塩いかと胡瓜の粕和え」。塩いかを細かく裂き、塩気が程よく残る程度に塩抜きし、みりんと砂糖で練った酒粕、胡瓜と和えます。身が締まった塩いか独特の食感に酒粕の風味が加わり、なんともいえない大人の味わいです。

酒蔵の多い高山では酒粕料理が身近で、夏になると練り粕が店頭に並ぶそうです。定番料理の「塩いかとわかめの酢の物」、葱味噌と生姜をのせた焼き茄子もいただきました。

神出さんは「伝承料理には先祖が培ってきた飛騨の歴史と暮らしの知恵がいっぱい詰まっています。それを次の世代に伝えていきたい」と話してくれました。日常の料理、町並みや景色を大切に思う人たちの存在で伝統文化が息づいています。

赤かぶ漬けのちらし寿司

岐阜県加茂郡「赤かぶ漬け」

材料（米2合分）

赤かぶ漬け　60g
（刻んでおく。赤かぶ甘酢漬けでも可）
菜の花　1/2束
米　2合
出汁用昆布　5㎝
醤油（昆布用）　小さじ1/2

A（すし酢）
酢　大さじ3と1/2
きび砂糖　大さじ1
塩　小さじ1と1/3

B（菜の花つけ汁）
水　50cc
醤油　大さじ2
みりん　大さじ1

C（すし酢）
卵　1個
みりん　小さじ2
塩　1つまみ

つくり方

1. 米は洗って20～30分水につけ、昆布を入れて炊く。炊けたら昆布は取り出し、ごはんが熱いうちに合わせておいたAを入れてしゃもじで切るように混ぜる。昆布は千切りにし、醤油をかけておく。
2. 小鍋でBを熱し、沸騰したらすぐに火を止めボウルに移す。菜の花は長さ半分に切り、たっぷりの沸騰したお湯に茎を入れ、15秒ほどしたら穂先も入れてさっと茹でる。流水で冷まし、水分を絞り茎部分は縦半分にカットする。つけ汁に10分～30分つけておく。
3. 熱したフライパンに油（分量外）を引き、溶いておいたCを半量入れて薄焼き卵を焼く。残りも同様に焼き、粗熱がとれたら千切りにする。
4. 寿司飯を器に盛り（寿司桶ならそのままで）、その上に卵焼き、菜の花、昆布、赤かぶ漬けを盛りつけてできあがり。

春

蛸《たこ》あさり飯

愛知県西尾市一色町佐久島「蛸飯」

材料（米２合分）

茹で蛸　150g
あさり　10粒

A
（みりん　大さじ３
醤油　大さじ２
日本酒　大さじ３）

米　２合
茹でた芹　少々（なくても可）

つくり方

1 茹で蛸は5㎜幅にカットする。

2 鍋にAを入れて沸騰したらあさりを入れ、
あさりの口が開いたら蛸を入れて火をとめる。
あさりは殻から外す。
具材と煮汁を分け、具材は煮汁大さじ1程度に浸しておく。

3 煮汁に水を足して400ccにし、洗った米と合わせて炊く。
炊飯器で炊く場合はメモリに合わせる。
炊き上がったら、具材と芹を混ぜてできあがり。

※蛸のみでつくっても美味しいですが、
今回は愛知県名産のあさりも入れ、よりうま味を出しました。

よくお茶を飲みながら集まっているご近所の皆さん。

今回訪れたのは愛知県の佐久島。近年はアートの島としても有名ですが、漁業の盛んな島です。

お集まりいただいたのは、松本由美子さん、高橋ふみ子さん、鹿倉保津美さん。佐久島のカフェ「もんぺまるけ」に、笑顔とともによく差し入れをしている仲良し3人組です。ふだんから冷凍でストックしてある蛸や、自家製野菜を持って集合していただきました。蛸を塩でもみ洗い、酢を混ぜたお湯に入れると、足がくるっと丸まりながら鮮やかな色に。串を刺した時にすっと通るようになったら、茹で蛸のできあがり。

さて味付けとなると、お母さんたちはプレッシャーがあるご様子。蜘蛛の子を散らすように、鍋からいなくなりました。そこをどうにかお願いして美味しく味付けてもらい、かまどへ。今回はお米8割、餅米を2割入れてもっちり炊き上げました。昔は、お米に麦を入れて炊くこ

佐久島の蛸飯、かまどで炊き上げました！

ともあったそう。白米はお祭りなどで炊き、お寿司にしたということも教えてもらいました。蛸飯を炊いたのは、もんぺまるけさんのかまど。お母さんたちが子どもの頃、ご飯を炊くときは朝に15合炊き、冬はおひつに移して藁で包み、昼まで温かさを保ったそうです。

蛸からは、蛸飯をはじめ、唐揚げ、カルパッチョ、味噌和えのぬたなど、次々と料理ができあがりました。島にいらっしゃる方たちに、お母さんたちの蛸フルコース料理を振る舞えたらいいねと盛り上がるほどの美味しさでした。この中で、お母さんたちが子どもの頃から食べていたのは「ぬた」。自家製の赤味噌は2年ほど寝かせて畑の野菜と、白味噌は海のものと和えてぬたにしていたそうです。

もともと島にある食材を工夫してきた佐久島の人たち。蛸飯は意外と近年生まれたものだそうですが、工夫を重ねて美味しい郷土料理をつくりあげていくのですね。

アートの島、佐久島。島を歩きながら作品が楽しめます。

上／よく塩でもみ、茹で上がった美しい蛸。　中左／すべて島で採れた野菜たちでつくりました。　中右／佐久島産茄子の甘味噌和え。　下左／紫芋と小麦粉を蒸したもっちり鬼まん。　下右／愛農《あいのう》かまど。一つの火の元で、二つの鍋の調理ができる。

撮影協力／もんぺまるけ

愛知県の郷土食

きしめん

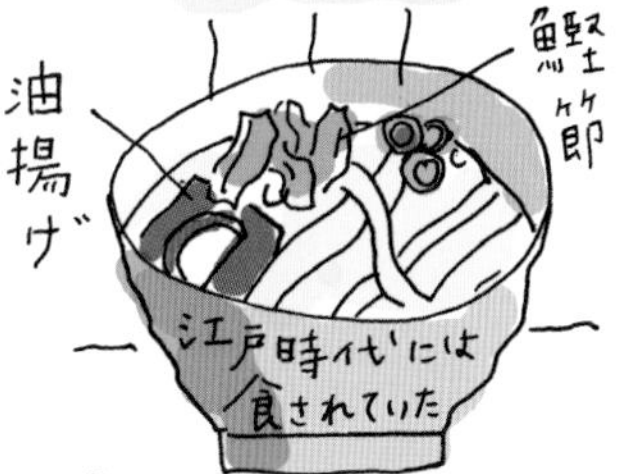

油揚げ
鰹節
江戸時代には食されていた

きじ肉を入れた「きじめん」
平たい麺の棊子麺「けしめん」
名前に各説あり

あまご茶漬け

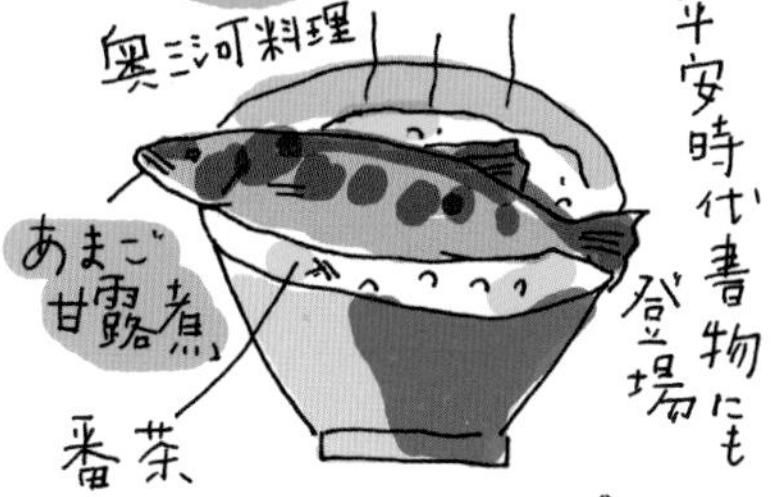

奥三河料理
平安時代書物にも登場
あまご甘露煮
番茶

焼いたあまごを一日陰干し、
醤油、みりんで煮て、ご飯に
のせて番茶をかけていただく。

黄いないおこわ

黒豆
「くちなし」で色づけおこわ

黄色に邪気を払う。豆に健康を願う
端午の節句、男の子の誕生祝の
おこわ

かきまわし（とりめし）

混ぜご飯
＝かきまわし

鶏肉、人参、こんにゃくなど入りの飯
ちくわが入ることもある。

愛知県いろいろ

守口漬け

長〜い守口大根の
酒粕漬け

屋根神様

二階

屋根の上に小さな社を
祭る。名古屋市那古野など。

瀬戸焼・常滑焼

馬の目皿
（瀬戸）
急須
となめ

良質な土があり、
六古窯2つの産地

どんどろけ香味飯

鳥取県鳥取市気高町「どんどろけ飯」

材料（お茶碗4杯分）

木綿豆腐　1/2丁（200g）

A
- 人参　1/2本（70g）
- 牛蒡　10cm（50g）
- こんにゃく　1/3枚（100g）
- 油揚げ　1/2枚

生姜　1/4片分
青葱または万能葱　少々

B
- 薄口醤油　大さじ2と1/2
- 合わせ味噌　小さじ2

水　400cc
出汁用昆布　5cm
米　2合
ごま油　大さじ2

つくり方

1. 米は研いでおく。豆腐は水きりし、2㎝角に切る。
こんにゃくは短冊切り、
人参、牛蒡、生姜、油揚げはみじん切り、葱は小口切りに。
Bは混ぜ合わせておく。

2. フライパンにごま油を入れて熱し、豆腐を軽く炒め、
パチパチと音がして表面に焼き色がついたら、Aを加えて炒める。
火が通ったらBを混ぜ合わせ、火を止める。

3. 炊飯器または鍋に米、水、出汁用昆布、2の具、生姜を入れて炊く。
炊きあがったら葱を混ぜ合わせて、できあがり。

皆さんで郷土料理の伝承活動もされているそうです。

初めて訪れた鳥取県。鳥取県といえば砂丘が有名ですが、柳宗悦に影響を受けた鳥取の医師・吉田璋也による新作民藝運動が盛んだったこともあり、素晴らしい焼き物をつくる窯元なども点在しています。そしてもちろん日本海の美味しい蟹やイカなどの海の幸も。時期になると市場一面に真っ赤なベニズワイガニが並びます。旅の途中で知ったのが、豆腐入りの炊き込みごはん「どんどろけ飯」という郷土料理。

教えていただくために鳥取市食育推進員会気高《けだか》支部の皆さまの元へ伺ってきました。

「どんどろけ」とは、この地区で「雷」のこと。「パチパチ」と豆腐を油で炒める音が雷に似ていることから、この名前がつきました。どんどろけ飯は、お祝いの場やお寺の精進料理として、漬け物や汁物と一緒につくられ、また田植えをする人たちに地主さんがお疲れさま会（代満《しろみて》＝鳥取弁で「しろ」は田植え、「みて」は終了の意）をする時に、出していたとのこと。当時、

豆腐の存在感もしっかり感じるどんどろけ飯。

豆腐はつくるのに手間がかかるため貴重だったほか、野菜がたっぷり入ったごはんは、贅沢なおもてなしになったのでしょう。豆腐は傷みやすいことから、冬にのみつくられていました。

豆腐の材料となる大豆は、昔は田んぼのあぜ道に植え、呉汁（大豆をすり潰した汁）や味噌もつくっていました。かつては、炊き込みごはんに入った豆腐が貴重なタンパク源でしたが、昭和に入り鶏肉を入れることも。

今回教えていただいたどんどろけ飯の具は、水きりした木綿豆腐、牛蒡、人参、油揚げ、こんにゃくなど。豆腐を油で炒め、次に野菜を加えて、醤油、出汁汁で調味。できあがった具をお米と一緒に炊き、仕上げに青葱を混ぜ合わせます。豆腐や野菜が入った具だくさんのご飯は、栄養面でも素晴らしい一品です。

田植えが終わり、水田に美しく苗が植わった光景を想像しながらどんどろけ飯をいただきました。

圧巻の鳥取砂丘の向こうには日本海が広がります。

上／美しい山里に器の窯元が点在しています。　中左／パチパチという音を聴きながら豆腐をしっかり炒め、煮崩れを防ぎます。　中右／鶏肉の代わりに豆腐を。具は五目ごはんと同じ。　下左／地元の人も大好きな三朝名物のとち餅。　下右／地元の素材を釉薬などにしている延興寺窯の器。

取材協力／鳥取県・鳥取市気高町総合支所

鳥取県の郷土食

小豆汁の雑煮

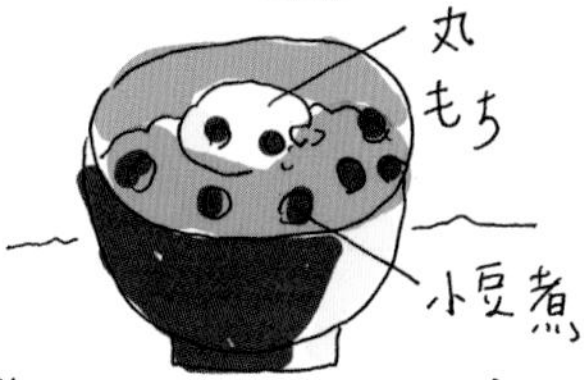
丸もち
小豆煮

昔は塩味、今は砂糖入が多い。
島根県にもある。

そら豆のこふき

鳥取市

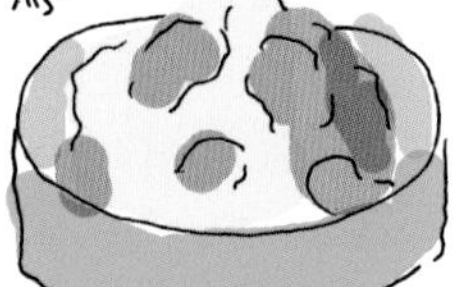

「乾燥そら豆」を煮て
皮をむき、甘く煮た料理

いただき（ののこめし）

油揚げ
お米・野菜
弓ヶ浜半島

大きな油揚げに、お米、野菜を入れ
出汁で炊きあげる。

春雨茶碗蒸し

春雨

米子市内を中心に、
茶碗蒸しといえば春雨入り！

鳥取いろいろ

鳥取カレー

らっきょうの産地

カレールー消費日本一
県内に美味カレー店多数。

牛ノ戸焼の器と蟹

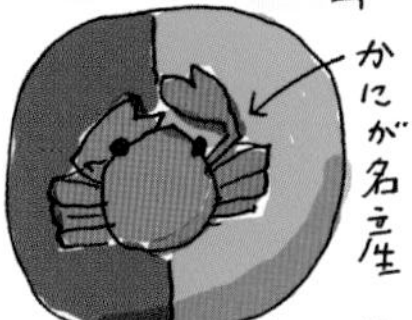
かにが名産

民芸運動が盛んで
民芸品が豊富。

大山

中国地方最高峰。
出雲富士とも呼ばれる。

新潟県妙高市「笹寿司」
鮭と茗荷《みょうが》、筍《たけのこ》の笹寿司

材料（20個分ほど）

洗った笹の葉　20枚前後

鮭と茗荷

塩鮭　1切れ
茗荷　2個
酢　大さじ2
きび砂糖（砂糖でも可）　小さじ2

下準備：茗荷は縦半分に切り薄切りにする。
塩鮭を焼きほぐし、すべての材料と混ぜる。

筍

水煮筍　100g
干し椎茸　1個
水　150cc
みりん　大さじ4
醤油　大さじ1
生姜　1/4片

下準備：干し椎茸は水に入れ戻しておく。
水煮筍と戻した椎茸、生姜はみじん切りにする。
すべての材料を入れて水分が少なくなるまで煮る。

酢飯

炊きたてごはん2合分
A　酢　50cc
　きび砂糖（砂糖でも可）　大さじ1
　塩　小さじ1

つくり方

1. 炊きたてごはんにAを入れ混ぜ、粗熱をとる。
2. 笹の葉の裏側に、寿司1カン分ほどの酢飯をのせ
長細く平らにしつつ具をのせる。
3. 空き箱やトレーに重ねながら入れ、
上から軽く重石をして、1時間ほどなじませたらできあがり。

押し寿司にも使う大きな寿司箱を両手に。各家庭でも使われていました。

日本各地に葉で包んだ郷土寿司がありますが、新潟県と長野県北信地方では笹の葉にのせた寿司があります。今回は、長年笹寿司をつくって販売する新潟の山田三代さんの元へ伺いました。

もともと笹寿司は、約４５０年前、越後の上杉謙信が川中島の戦いに出陣したとき、村人が笹の上に酢飯とおかずを一緒にのせて献上したのが始まりといわれています。三代さんが子どもの頃は、お祝いの場や農作業のお手伝いに来た人への「ごくろう」（＝ごくろうさんの意で、お礼に1食もてなすこと）の時など、大勢の場合は3升のお米を炊き、合計２４０個（1升で笹寿司80個分）ほどつくっていたそうです。笹寿司のお供には、豆腐と煮干し醤油出汁でつくる「おぼろ汁」。昔は豆腐をつくるのも手間だったので、ごちそうでもありました。

笹寿司のごはんには、酢、塩、砂糖のほか、目分量で酒も加えます。ごはんとなじみがいい

色とりどりの美しい笹寿司。

ように、具材によっては酢を少し入れて調理するのが三代さん流。今回の具は、筍と刻み昆布の煮物、大根の味噌漬を刻んだもの、ゆかり、鮭のほぐし身、ゼンマイとお揚げの煮物、の計5種。昔から使われている具材は、妙高や長岡で採れる根曲がり竹や、山菜など。笹の裏側に握り寿司1カンほどの酢飯をのせ、平らにした上に具をのせていきます。専用の大きな押し箱に重ねて並べ、重石をしてなじんだらできあがり。

このほかにある郷土食は、笹を一面に敷いて酢飯、具材、笹と順々に重ねて、包丁で切ると断面が美しい「切り寿司」や、かつて山に40軒ほどあった炭焼きの集落で夜通し火の番人が、炭火の上でおにぎりを転がして焼き、くるみ味噌をつけて食べたものが、やがて串にさすようになった山型の餅「山餅」などもあります。昔から山の暮らしに、笹寿司が彩りを添えていたのでしょうね。

上／米どころの新潟。黄金色の季節の田園風景。　中左／寿司箱に笹寿司を重ねて仕上げます。　中右／とあるご近所のお宅でおもてなしいただきました。　下左／タッパに詰められた笹寿司の各具材。下右／美しい桃色に染まる、ずいきの甘酢漬。

新潟県郷土食

のっぺい汁

お正月
祭り、お盆などに食べる。
温・冷でも

里芋、こんにゃく、ぎんなん 人参、鮭、
椎茸、いくら などなど 具沢山!

醤油おこわ

金時豆
小豆でなく

醤油で色付けしたおこわ

いとこ煮

小豆
れんこん

新潟名産れんこんと
小豆、砂糖、塩で煮たもの

笹だんご

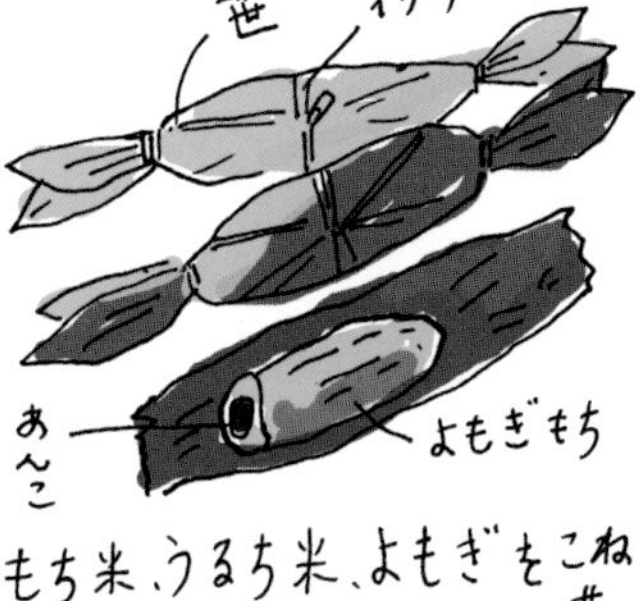
笹
イグサ
あんこ
よもぎもち

もち米、うるち米、よもぎをこねて
あんこを入れ笹で包み、蒸したり
煮てつくる。

新潟県いろいろ

「栃尾のあぶらげ」
(油揚げ)

通常の三倍!

長岡市栃尾地区

「塩引き鮭」

村上市
塩漬した
鮭を干す。

「燕鎚起銅器《つばめついきどうき》」

江戸時代から
続いている。

銅板を金槌で
叩いて成形

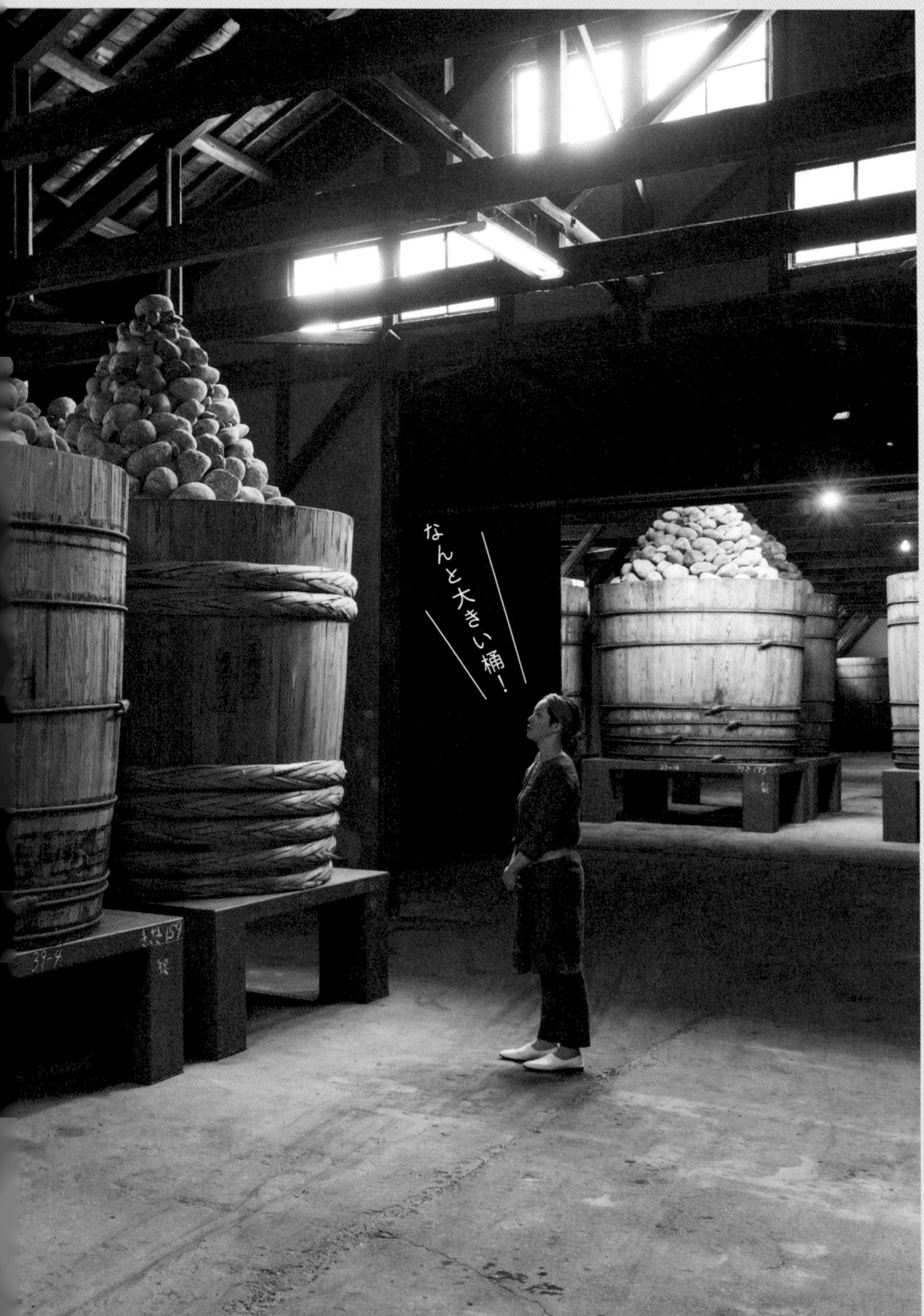
なんと大きい桶！

八丁味噌のふるさとを訪ねて

東海地方の食文化を語る上で欠かせない八丁味噌。
独特の濃厚なコクやうま味の秘密とは。

写真・米谷 享

合資会社 八丁味噌（屋号：カクキュー）

創業：1645年（十九代目） http://www.kakukyu.jp/
〒444-0923 愛知県岡崎市八帖町字往還通69
本社 ☎ 0564-21-0151／工場見学・売店 ☎ 0564-21-1355

蔵の外で出番を待つ桶たち。高さも直径も約 1.8m（六尺）あり、六尺桶と呼ばれる。

毎日のごはんに登場する味噌。私は味噌汁はもちろん、カレーやスープなど、和洋問わずいろんな料理に活用しています。中でも八丁味噌は、匙ですくうと少し力がいるほどぎゅっと凝縮していて、広がる深いうま味が特徴！

八丁味噌の名前の由来は、徳川家康が生まれた城である岡崎城から西へ八丁（約870メートル）の八丁村（現、愛知県岡崎市八帖町）でつくられ始めたこと。今でもこの地で八丁味噌をつくり続けているのは「カクキュー」と「まるや」の2社のみで、昔から変わらない製法を守っています。

歴史ある八丁味噌にはいろんな逸話があります。徳川家康が当時としては長生きな70歳まで生きたのは、八丁味噌の原型ともいうべき豆味噌を江戸に取り寄せて毎日味噌汁を飲んでいたから、ともいわれています。また、水分が少なく保存性にすぐれているため、カクキューの八丁味噌は、戦時中には海軍の潜水艦に積まれ、昭和31年からは南極観測隊の常備食としても活躍してきました。

味噌桶を運ぶリフト。すべて徳川家康ゆかりの武将の名前がついている。

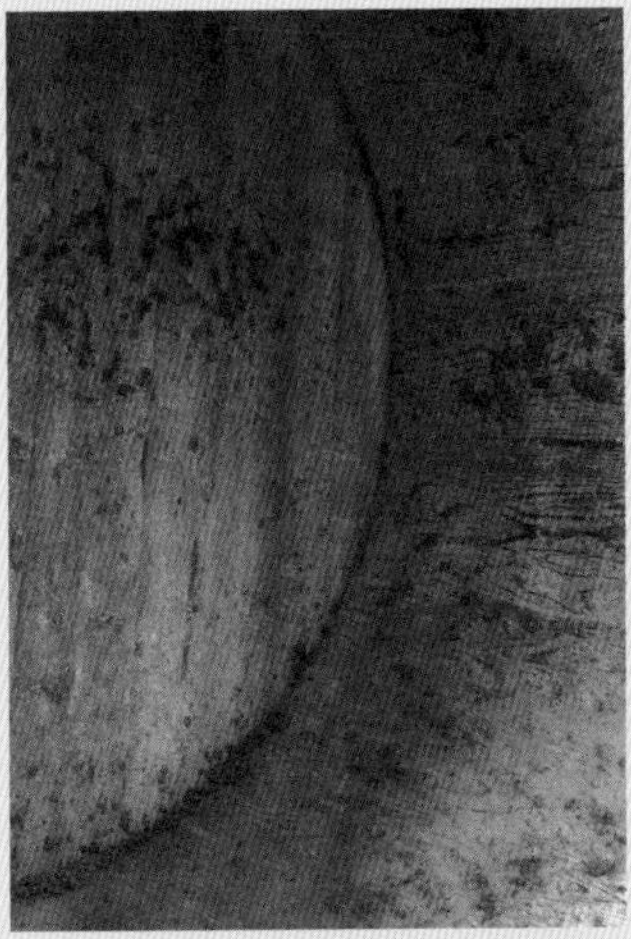

味噌を出した後の桶は洗うと乾燥するときに縮んでしまうので、次の仕込みまで洗わずに置いておく。

今回は、そんな魅力を秘めている八丁味噌についてもっと知りたい！　とカクキューさんを訪問し、企画室の近藤ちかこさんに案内していただきました。近藤さんは元々八丁味噌が大好きで、八丁味噌のイベント会場で社長を見つけ「働きたいです」と直談判したという八丁味噌愛に溢れた方です。

まずは、よい香りが漂う味噌蔵を案内していただきました。大きな木桶が並ぶ姿は、美味しいものができるに違いない！　と感じる光景。木桶は高さ１・８メートルもあり、上には山型に美しく積まれた石。この石を積むには10年以上の修業が必要で、重心が中心に向かうよう石の向きが少しななめになっています。この積み方によって揺れると締まるようになっており、これまでに起きた地震で一度も崩れたことはないそう。石の重さが、濃厚な味噌をつくるためには大切なのですね。５００本弱ある木桶は、それぞれに歴史や表情を持っています。現役最古の木桶は天保15年製で、今年でなんと１７７年目です！

カクキューで提供している「味噌煮込みうどん」と「串カツ」。

大豆100%の味噌なので、タンパク質やミネラル、ビタミンが豊富。塩辛そうと思われがちだが、一般的な味噌と塩分濃度はほとんど変わらない。

続いて史料館を案内してもらいながら、歴史、製法も教えていただきました。カクキューさんの味噌づくりの始まりは戦国時代。今川義元の家臣であったご先祖が１５６０年の桶狭間の戦いで敗れて武士をやめ、「願照寺」というお寺でつくり始めた味噌の美味しさが評判となったそうです。その後も味噌づくりの技は子孫に継承され、１６４５年にこの地で味噌屋を創業しました。

八丁味噌のつくり方は独特。まず蒸した大豆を潰して丸め、こぶし大の「味噌玉」をつくります。この味噌玉が味のポイントで、一般的な味噌玉より大きいので乳酸菌やその土地の微生物を多く含み、独自の風味が生まれます。ちなみに味噌玉の形状は社外秘だそうです。続いて表面にこうじカビの胞子をつけたら製麹装置へ。カビを生やして「豆こうじ」をつくります。そして、豆こうじ、塩、水を混ぜ合わせて1桶あたり約6トンの味噌を仕込み、職人が約3トンの石を積み上げます。そして、二夏二冬まるっと2年以上そのまま手をつけず、天然醸造で寝かせます。人工的に急か

工程写真提供／カクキュー

八丁味噌ができるまで

1. 形のよい大豆を選別し、水洗いする。
2. 大豆を水に浸す。
3. 大豆の水を切り、蒸し釜で蒸す。
4. 蒸した大豆を軽くつぶして丸め、こぶし大の味噌玉をつくる。
5. 味噌玉の表面にこうじカビの胞子をつける。
6. 製麹装置に入れて発酵させ、豆こうじをつくる。
7. 豆こうじ、塩、水を混ぜ、木桶に仕込む。職人が桶の中に入って踏み込み、しっかり空気を抜く。蓋をしてから3トンの石を手積みする。
8. 二夏二冬（2年以上）ゆっくり熟成させる。
9. 濃厚なコクとうま味、独特の風味を持つ八丁味噌が完成。

さず、自然な気温の変化でじっくりと発酵・熟成させるのです。私も自宅の小さな木桶で味噌づくりを楽しんでいますが、なるほど！ これはとても真似はできない長年の歴史と職人技が生み出す味噌なわけです。

八丁味噌を使った料理は「味噌煮込みうどん」や「どて煮」、野菜と煮込んだ郷土食の「煮味噌」など、ぐつぐつ煮込むものが多いのが特徴的。普通の味噌は風味を保つため沸騰させないのが常識ですが、八丁味噌は対照的です。これは、うま味成分・グルタミン酸を多く含んでいて煮込んでも風味を保つから。また、鰹出汁のうま味成分・イノシン酸と合わさるとうま味が7倍になるというので驚きです！ 鰹出汁が入った味噌煮込みうどんの美味しさの理由はここにもあったのですね。

カクキューさんの見学を終え、八丁味噌の深みある美味しさの中には、長年守ってきた職人の技術、岡崎の風土があることを強く感じました。美味しい八丁味噌をありがとうございます！

八丁味噌ドレッシングのかぶサラダ

材料（2人分）

八丁味噌のドレッシング
- 八丁味噌　大さじ2
- みりん　60cc
- 酢　小さじ1
- オリーブ油　大さじ4

かぶ　2個

つくり方

1. みりんを小さめの鍋に入れて熱し、
沸騰したらすぐ火を止めて八丁味噌を入れてよく混ぜる。
粗熱がとれたら酢とオリーブ油を入れて混ぜ、
ドレッシングをつくる。

2. くし型にカットしたかぶに
八丁味噌のドレッシングを和えてできあがり。

※ かぶ以外にも、水菜やレタス、
スナップエンドウなどお好きな野菜でどうぞ。
仕上げに白ごまや茗荷のスライスをかけても美味しいです。

八丁味噌のハヤシライス

材料（2人分）

A
（八丁味噌　大さじ2
　ケチャップ　大さじ5

玉葱　1個
にんにく　1片
牛肉切り落とし　150g
トマトジュース　200cc
赤ワイン　50cc
オリーブ油　大さじ4
　（白ゴマ油でも可）
温かいごはん
　お茶碗2杯分
パセリ（なくても可）　少々

つくり方

1. Aをよく混ぜておく。
2. 玉葱は縦半分に切り、繊維と垂直に1㎝幅に切る。にんにくはみじん切りにする。
3. フライパンにオリーブ油とにんにくを入れて火をつけ、にんにくがふつふつして香りがしてきたら、半量の玉葱を入れて中火で透明になるまで炒める。Aを入れて、木べらで混ぜながら焦げ付きに注意してよく炒める。
4. トマトジュース、赤ワイン、牛肉、残りの玉葱を入れ、木べらで混ぜながら強火で煮込み、半量になったら火を止める。温かいごはんにかけ、みじん切りにしたパセリを散らしてできあがり。

夏

茄子と茗荷のいしる煮

石川県輪島市三井町「いしる料理」

材料（2人分）

茄子　2本
茗荷　2個
ミニトマト（なくても可）　6個
水　50cc
いしる（イカのいしる以外を使用）　大さじ1/2
白ごま油（オリーブオイルでも可）　大さじ1/2

大根おろし　適量
青紫蘇　適量

つくり方

1. 茄子は乱切りにして水に数分さらしておく。
茗荷は縦方向に1/4にカットしておく。

2. 鍋に水、白ごま油、いしるを入れ、
加熱して沸騰したら茄子を加え、
強火で水分がなくなるまで火にかける。
茄子に火が通ったら茗荷とミニトマトを入れ、
さっと混ぜて火を止める。

3. 器に青紫蘇、②を盛りつけ、
大根おろしを添えたらできあがり。
（味が薄い場合はいしるを少しかける）

腕をふるい三井の幸で料理をこしらえてくれたばあばたち。

「いしる」は石川県能登地方に伝わる魚醤で、新鮮な鯖、鰯、イカなどを塩で漬けて熟成させたもの。出汁がなくても十分うま味があるのでごはんもすすみます。現地では、大根やぜんまい、茄子のいしる煮、また大根おろしにかけるなど、日常の料理に使われています。

今回は、集落の集会場でもある茅葺の古民家（里山まるごとホテル内）で三井町の「みぃ里山百笑の会」のばあばたちにたくさんのいしる料理や郷土料理を教えていただきました。それをもとに、暑い時期に合う爽やかな「いしる煮」を提案します。魚醤は各地にありますし、手に入れば日常料理に使えそうです。

この会が発足したきっかけは、毎年合宿にやってくる農大生たちなどを地元の料理でもてなしていたこと。現在はイベントなどで地元の食材で料理をしたり、きゃらぶきや、薬草茶などで商品をつくる活動をされています。

三井町は能登の中でも山間部にあたるため山

漆器に盛る料理は、凛として美しい。

菜料理が多く、海沿いの町ほどいしるは使わないそうですが、それでも、干し葉（干した大根）やわらび、茄子など身近な食材を使ったたくさんのいしる料理が持ち寄られました。米づくり、きのこ採り、漬け物づくりなど、名人の皆さんの特技を集めて料理がつくられています。山の食事には「こっぱみそ」というものもあるそうです。冬の山仕事の時に白飯と味噌を携帯し、伐り倒した木の端材（木端＝こっぱ）の上に味噌を置き、焼くというもの。温かいものと塩分が補給できます。切った大根で味噌をすくい食べることもあったそうです。

そして、日常料理を特別なご馳走にしてくれるのがこの漆器たち。漆文化のある輪島では、日常にふんだんに漆器が使われています。漆器に盛られた料理とともに囲炉裏を囲む風景は、昔よりは減りましたが能登で何百年と変わらないものなのかもしれません。囲炉裏を囲む楽しさも、伝え続けられていきますように。

「いしる」を製造・販売する舳倉屋（へぐらや）は、
海風が当たる場所にタンクを置き、いしるを美味しく熟成させている。

上左／茄子もいしるを入れて煮ると美味しい。　上右／茄子の舟焼き。舟に見立てるのが能登らしい。中左／囲炉裏を囲む、漆器に盛られた料理たち。　中右／漆器に盛る前のいしる料理。　下／こごみ、菜の花、わさび菜など、能登は山の幸も豊か！

石川県の郷土食

鱈の子つけ

プチプチ!
たらこ
昆布しめ鱈

冬の能登料理
昆布でしめた鱈刺を炒めて
水分を飛ばしてたらこを和える。

なすの舟焼き

甘みそ

輪島夏料理。
なすを半分に切り網で焼き
甘味噌をつける。

こんか漬け

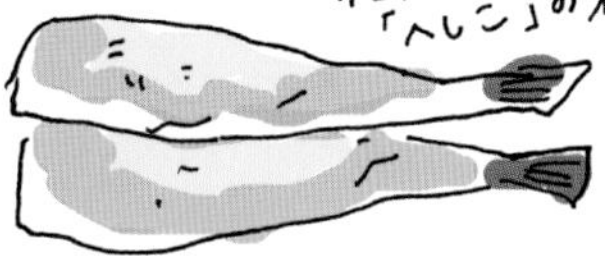
他県では
「へしこ」の名

魚を塩漬し、米ぬかと麹で漬け
熟成。北陸の冬のタンパク源、だった。
今でも船に積み漁に出ています。

べろべろ

由来
卵の柄が
べっこう（亀の
こうら）
に似ている。

出汁、寒天、醤油、砂糖を
沸とうさせ、溶き卵を混ぜた
寒天。ハレの日の料理

石川県（能登地方）いろいろ

キリコ祭り

7月～10月、各地区で
キリコ祭りが行われる。

輪島塗

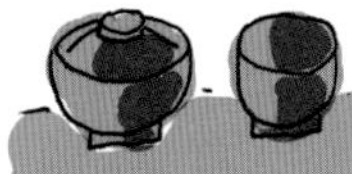

木地に布をはり、何層も
下地付などした漆器

揚げ浜式製塩

500年続く。

海水を砂地塩田にまき、
薪で炊き塩をつくる

鯵のさんがごはん

千葉県房総半島「さんが焼き」

材料（米１合分）

A（なめろう）
- 鯵　1尾
- （3 枚おろしにした半身を 2 枚 / 半身1枚＝ 50g）
- 白長葱　10cm
- 生姜　1/2 片
- 合わせ味噌　大さじ 2/3
- 青紫蘇　2 枚

青紫蘇　2 枚（仕上げ用）
白ごま油　大さじ 1/2（オリーブオイルでも可）
温かいごはん　１合分

つくり方

1. 鯵の皮はむいておく。
白長葱と生姜は粗みじん切り、青紫蘇は千切りにする。
※鯵は細かくカットすれば大丈夫だが、小骨が気になる場合は除く。

2. まな板の上に A の材料をのせ、包丁でたたくようにカットする。
時々全体を包丁の刃で混ぜつつ、粘りが出るまでカットする。
（これでなめろうのできあがり）

3. フライパンに油を入れて熱し、2 を炒め、炊きたてのごはんにまぜる。仕上げに千切りにした青紫蘇をのせて完成。

※「さんが焼き」は、A の分量のなめろうを 2 個に丸め、
青紫蘇を巻いて焼く。

千葉で捕れる豊富な魚介を扱う「魚鈴」を営む鈴木新作さんと和恵さん夫妻。

上京当時、千葉県出身の友人が、「なめろう」をつくってくれたことがありました。キラキラした新鮮な鯵、薬味、味噌を、包丁でたたくようにトトトトトン！

テンポよく刻み続けると、うま味が舌にからみつくような粘りある美味しい一品に。海のない岐阜県で育った私にとって、初めての美味しさでお酒がすすんだことを覚えています。

「さんが焼き」とは、千葉県房総半島の漁師料理。地元でとれる鯵、鰯、秋刀魚などを、船の上で材料を細かくたたいてなめろうにして、帆立や鮑などの貝殻にのせて焼いたもの。

今回はそのさんが焼きを求め、木更津市にある元気のよい魚屋さん「魚鈴」を訪れました。先代が市場勤めからこちらの店を開業し、今は二代目ご夫婦で営まれています。店内にはご近所に住む娘さんが書いた「昔ながらの魚屋さんです」の看板、そして発泡スチロールの箱を開けると、サザエ、海老、鱧……。店内には千葉

ご夫妻それぞれの紫蘇の巻き方があるようですが、無事できました！

の海の幸が溢れていました。

旦那さんにさんが焼きの仕込みを披露していただきました。まな板の上には鯵3尾、あっという間に3枚おろしにして皮をむき、味噌、葱、生姜を合わせ、粘りが出るまでよくたたきなめろうに。それをさっと丸めて紫蘇を巻きます。そして焼きからは奥さん担当。フライパンでさっと焼いて出していただきました。焼きたては、ふわりとした軽やかな食感と鯵のうまみがあり、つい麦酒もほしくなりました。

取材中に買い物にいらした女性も、さんが焼きは日常でつくるとのこと。今でも地元に根づく郷土料理のようです。この日はサザエなどを購入して帰りましたが、なんとも新鮮なこと！ちょっと前は町に必ずあった魚屋さん。最近は少なくなってしまっていますが、やっぱり魚は魚屋さんで話しをしながら買うのが最高だなあと、あらためて感じたのでした。

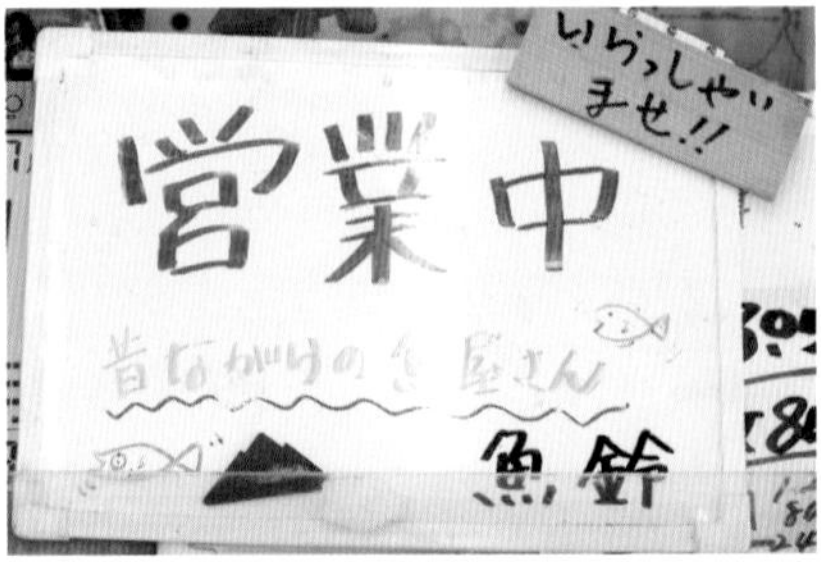

上左／注文が入っていたたくさんの刺し盛りを手際よくつくる和恵さん。　上右／娘さんお手製の看板にほっこりします。　中左／出刃包丁でテンポよくたたく。すでに美味しそう。　中右／たたいたなめろうを大葉２枚で贅沢に挟んでも美味しい。　下／捕れたての新鮮な鯵は綺麗な色です。

千葉県郷土食

いわしの卯の花漬け

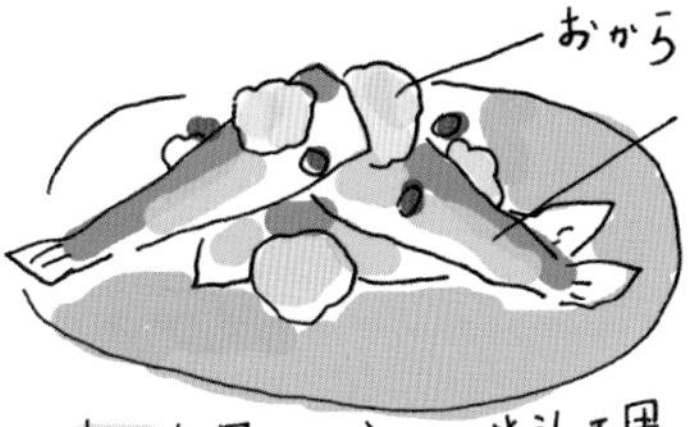
おから
いわし

九十九里地方の料理
いわし、おから、赤唐辛子など
甘酢で和える。

落花生おこわ

あずき
落花生

甘く煮た落花生と
あずき、もち米を
ふかしたおこわ

性学もち

あんこ
きなこ
などと

よく水にひたした米状の
うるち米を、2度ついたもち

はば雑煮、

上総の正月料理

はばのり
かつおぶし
角もち

ふわりと、海苔の良い香り！
「幅をきかせる」で縁起良い。

千葉いろいろ

「醤油」

日本一の生産量

「落花生」

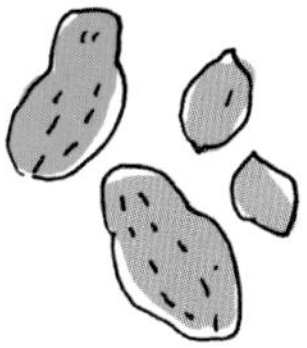

名産

「鋸《のこぎり》山」

山頂には展望台

日本寺もある

宮崎県小林市「鶏のたたき」

鶏たたき冷やし中華

材料（2人分）

鶏むね肉　1枚
胡瓜　1本
トマトスライス　4枚（なくても可）
日本酒　大さじ1
冷やし中華用麺　2袋
炒りごま　少々
塩　少々

A（混ぜておく）

醤油　大さじ2
水　大さじ1
酢　大さじ2
砂糖　大さじ1
生姜すりおろし　1/3片分

つくり方

1. 胡瓜は千切りにし、ボウルに入れて塩少々かけ混ぜておく。
鶏むね肉は厚い所は半分にして、
1枚を6等分を目安にそぎ切りにし、
ボウルに入れ日本酒をかけ手でもんでおく。

2. ガスコンロの上に網を置き、中火で両面焼き、
最後は強火で両面しっかり焼き色をつける。
焼いた鶏肉は熱いうちに氷水でしっかり冷やす。

※網が一番おすすめですが、ない場合は、魚グリルの強火で焼き、
最後金串にさして直火で焦げ目をつける方法もあります。

3. 1の胡瓜は手でぎゅっと水分を切り、鶏肉は幅5㎜にカットする。
表示通りに茹でた麺は流水でしっかり熱を除いて器に盛り、
鶏肉、胡瓜、トマト、炒りごまをかけて、
Aのつゆを好みの量かけていただく。

※麺はなしで鶏のたたきに薬味とタレをかけていただくのも美味。

夜は元気にスナックを切り盛りするひろみさん。

初めての地に伺ったとき、郷土食の情報源は地方のスーパーマーケットや、銭湯や温泉で出会うお母さんたち。数年前、小林市の公共浴場で湯船に浸かりつついらしたお母さんたちに郷土食を尋ねると「近所の斎藤ひろみさんがつくる鶏のたたきがおいしも、おいし（美味しい）！と言うほどなんだから！」と教えてもらいました。ちなみに宮崎では言葉を強調したいときには2回繰り返すそうで、なんだかかわいらしいですね。ひろみさんの鶏のたたきは持ち帰り専用ということで早速風呂上がりに予約し、翌朝引き取りに。「うちの鶏のたたきは、みんな美味しいと言ってくれてね」と満面な笑顔で渡してくれ、犬とも遊ばせてもらい別れたのでした。その後いただいた鶏のたたきは、直火焼きの香ばしさとしっとり感で評判どおり「おいしも、おいし！」と声に出してしまうほどでした。

数年後ふと思いだし取材させていただこうとするも連絡先がわからず、市役所に問い合わせ

鶏のたたきは近所の行事でも大活躍。バランの葉も美味しそうに見せるポイント。

てみると、なんと担当の方がひろみさんのたたきの常連さんとのことで繋がったのでした。

都城市出身のひろみさんは小林市に嫁入りしてから、旦那さんが営んでいた食料品屋の商品としてたたきをつくり始めたそう。今は夜にスナックを営みつつ、注文がくるとたたきをつくっています。つくり方は、新鮮な鶏むね肉をそぎ切りにして網で焼いてから氷水で冷やしてスライスし、万能葱、おろし生姜、酢甘醤油をかけていただきます。

小林市には海がないので農家で飼育していた鶏は貴重なたんぱく源。特別な日に絞めていました。たたきは親戚が集まったとき、正月、入学式のお祝いなど、特別な日のだんらん料理。ほかにもレバーや砂肝の刺身、大根と蓮根、鶏肉を鍋でころころ転がしながら煮る「コロ煮(味噌ころばかし)」、鶏ガラと里芋、味噌、砂糖で煮る「みそ煮」など豊かな鶏肉料理が焼酎と共に楽しまれています。

上／焼いた鶏肉は氷水で冷やした後、ほど良い薄さにスライスします。　中左／直火で焼くと、香ばしくていい香り！　中右／ご近所さんの楽しい寄り所。　下左／通称めがね橋（えびの市）。昭和三年につくられた石造りの橋。　下右／スーパーでも気軽に鶏の刺身が買えます。

宮崎県の郷土食

冷汁

夏料理
すり身
きゅうり
豆腐

あぶった味噌、すりごまを出汁で
のばし、豆腐、きゅうりなど加え
麦飯にかける。日常料理。

がね

都城地方で「がね」「がん」は
「かに」のこと。形が似て
いるので
ついた名前

さつま芋のかき揚げ

小麦、砂糖、水を芋につけ揚げる。

かつお飯

あつい
お茶
ごま
づけ
かつお

漁師が船の中で、残った刺身を
ごはんにのせ、熱いお茶を注いで
食べたのがはじまり。

菜豆腐

葉もの
野菜
豆腐

山間にある椎葉村の料理
野菜を入れた豆腐。昔は
「平家かぶ」の葉を入れることが多かった。

宮崎いろいろ

チキン南蛮

お店の
定番
メニュー

たっぷりのタルタルソースを
かけたチキンカツ。

うずら車

宮崎市の郷土玩具
お祭りで売られていた。

高千穂峡

西臼杵郡高千穂町の
峡谷。国の天然記念物

豚ゴーヤ味噌

鹿児島県奄美市「豚みそ」

材料（2～3人分）

豚バラスライス　100g
ゴーヤ　1本（200g）
ピーナッツ　50g（できれば無塩）
鰹節　小パック　4g（省いても可）
塩　2つまみ
日本酒　大さじ2
サラダ油　大さじ1

A

（
味噌　大さじ2
きび砂糖　大さじ1（砂糖でも可）
水　大さじ1
）

つくり方

1. ゴーヤはたて半分にカットして、わたと種をのぞく。
幅5㎜にカットしてボールに入れ、
塩をかけ混ぜ5分くらいおいてしんなりさせておく。
ビニール袋にピーナッツを入れ麺棒で叩き、3㎜を目安に粗挽きにする
（粒味噌が手に入らないときのアレンジ）。

2. フライパンに油、豚バラ肉を入れて炒める。
油が大量に出るときは、キッチンペーパーで拭きとる。
途中ピーナッツも入れ炒め、さらにゴーヤ、日本酒を入れ、
ある程度ゴーヤに火が通ったらAを入れ混ぜ、
鰹節を加えてできあがり。

※ゴーヤの代わりにニラを入れたり、豚はひき肉にするとおかず味噌にも。

テキパキと豚煮を大鍋でつくるイサ子さん。

泥染めという染物や、大島紬など独特な手仕事文化もある奄美大島。飲食店を回ると、山羊汁、イカスミ汁など初めて味わう料理が沢山ありました。今回、取材させていただいたのは郷土食を提供する「なつかしゃ家」。元々は校長先生だったという恵上イサ子さんが、生徒たちにも奄美の郷土料理を食べてもらいたいという思いがきっかけでつくった店。お品書きも、ピーナツ豆腐、長命草の天ぷら、ふくらかん（黒糖の蒸し菓子）など郷土料理づくし。その中で今回は「豚みそ」を教えていただきました。

豚みそは、3枚肉の豚肉を薄い塩水で1時間半茹でてカット、鍋に油を入れて豚、冬はフルと呼ばれるにんにくの葉、夏はゴーヤを炒め、ピーナツ粉、島ざらめ、大盛りの粒味噌を強火で炒めてできあがり。粒味噌は具と同じ量かと感じるほどたっぷりで存在感もしっかり感じるコクある一品。豚みそにも使った味噌は、味噌汁用とは違う奄美独特の粒味噌。お茶請けや

茹で豚とゴーヤ、そしてたっぷりの粒味噌が入っている「豚みそ」。

おかず用の味噌で粗挽きの大豆が独特の食感です。この味噌で魚やイカと和えた「魚味噌」や「イカ味噌」という定番料理もあります。

味噌といえば奄美大島には、蘇鉄の実（ナリ）でできた「なり味噌」というものがあります。今ではなり味噌をつくる人はほとんどいませんが、奄美の食の歴史にはこの蘇鉄が強く結びついています。江戸時代、薩摩藩の政策で畑が全てサトウキビに変わることになり食料不足に。島民たちの知恵で蘇鉄の実を手間をかけてアク抜きし麹を加えて味噌にしました。さらに蘇鉄の幹や芯のでんぷんからつくるお粥「シンガイ」も生まれ、苦しかった食生活を支えていたそうです。また、奄美にはお節料理の原型とも言われる「三献」というものがあるそうです。現在は正月や結婚式など祝いの席で出されているとか。郷土食を伝えているイサ子さんを通して奄美の食の豊かさ、歴史から生まれた知恵を教えていただきました。

マングローブが広がる原生林。カヌーで巡ることもできます。

上右／火に薪をくべつつ、きび汁を煮詰める黒糖工場。　上左／おかず用の「粒味噌」の種類は豊富。中左／くび木はお茶として煮出して飲む。　中右／蘇鉄の実やでんぷんからつくるお粥「シンガイ」。　下／奄美で入手した野菜。不断草、たんかん、月桃の葉、島らっきょう、パパイヤ、になど。

取材協力／なつかしゃ家

奄美大島の郷土食（鹿児島県）

やぎ汁

塩味
ラム肉風味に近い
ヤギ肉

ヤギの骨付肉をアクをとり、
じっくり煮こんだ汁

鶏飯（けいはん）

とりスープ
かける
卵焼
椎茸
タンカン皮
鶏
もてなし料理

さいた鶏肉、パパイヤ漬
タンカンの皮などごはんにのせ、
鶏出汁をかける。

かしゃ餅

かしゃ
より香り！

かしゃ（月桃の葉）で
包んだよもぎ餅

油ぞうめん

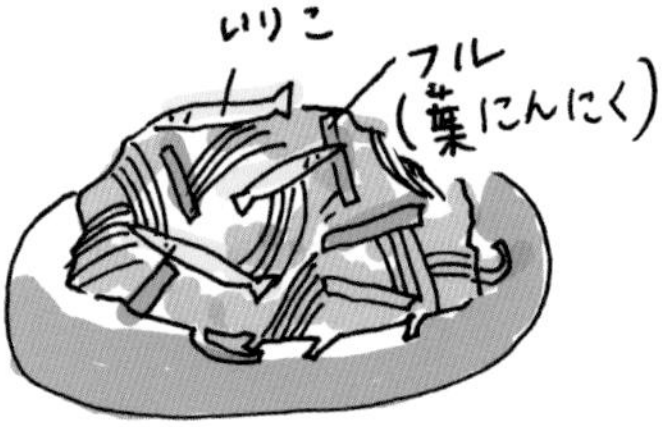
いりこ
フル（葉にんにく）

いりこ、いりこだし、にらなどと
そうめんを、炒める

奄美いろいろ

「テル」

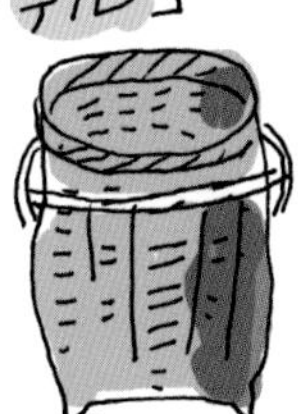
4ツ足

農作業用のカゴ

「黒糖」

サトウキビ
黒糖

島の名産

「泥染め」、世界中でも奄美だけ！

ミツカン酢の歴史を訪ねて

江戸時代から人びとの食生活を助けてきた
お酢の歴史と食文化を紐解きます。

写真・米谷 享

MIZKAN MUSEUM（ミツカンミュージアム）

〒475-8585　愛知県半田市中村町 2-6
※見学は事前予約制　☎ 0569-24-5111
ミツカンミュージアム HP：https://www.mizkan.co.jp/mim/
ミツカングループ HP：http://www.mizkan.co.jp

弁才船は、船大工さんが当時の設計図を元につくりあげたもので、全長 20m の実物大。
江戸時代には約 10 日かけて半田から江戸へ酢を運んだ。

ふだんから何気なく使っているお酢。お寿司、マリネ、餃子のお供など、日常的に口にしているのに、歴史やつくり方はよく知らず。そこで、お酢の国内シェア第1位を誇る愛知県半田市のミツカンを訪ねました。

1804年の創業以来、この地を本拠地としてきたミツカン。半田運河沿いに広がる味わいある黒塀の景色は圧巻で、江戸時代の風景かと錯覚するような趣です。案内していただいたのは、ミツカングループ総務部の沢田雅史さん。生まれも育ちも半田で、この光景には強い愛着があるといいます。沢田さんのお話を聞くと、運河の片側の蔵は、なんと江戸時代の姿のまま。今は倉庫として使われています。反対側の蔵は、往時の姿を忠実に再現して建て直されたもの。腰壁はよく見ると湾曲していますが、これは、昔の蔵で使っていた桶材を再利用しているためだそうです。かつて蔵の中でお酢を製造していた頃は、地域土着の黒い菌類が板塀に生えることで、保温性が上がっていたそう。この地の菌類がお酢を守り、黒塀の景観を生み出してい

江戸時代に使われていた醸造桶。直径・高さともに6尺（約 1.8 m）ある。

ミツカンの原点である粕酢の製法を記した絵図。粕熟成→もろみづくり→圧搾→沸かし→仕込み→貯蔵→ろ過→詰め口→荷造りの九つの工程が描かれている。　提供／ミツカングループ

たのですね。今も往時の姿を守るため、板塀は黒く塗られています。

景色を味わったところで、隣接するミツカンミュージアムの中へ。ミツカンのお酢づくりの歴史とこだわりを、楽しみながら学べる体験型博物館です。

目の前に飛び込んできたのは、江戸時代の醸造現場の再現。当時使われていた、身の丈をゆうに超える木桶もあります。江戸時代には、仕込み桶に前回のお酢を「種酢」として残しておき、種酢の中の酢酸菌の働きでお酢をつくっていたそう。この繰り返しは現在も続けられていて、なんと江戸時代の菌が今も受け継がれています！　以前、大阪で大きな地震があった時は、大阪工場の菌が使えなくなってしまい、半田市から菌を運んだそう。200年以上受け継がれてきた酢酸菌はミツカンの命。日本各地の工場に大切に保管され、美味しいお酢の品質を守っています。

ミュージアムをさらに進むと、現れたのは圧巻の大きさの木船！　これは江戸時代に半田運河から江戸にお酢を運んだ「弁才船」を再現したもの。こちらで

健康機能　大さじ１杯を目安にお酢を毎日とることで、内臓脂肪の減少、高めの血圧の低下、血中の中性脂肪や総コレステロール低下といった健康効果を得られることが、科学的に証明されています。

最高血圧の変化

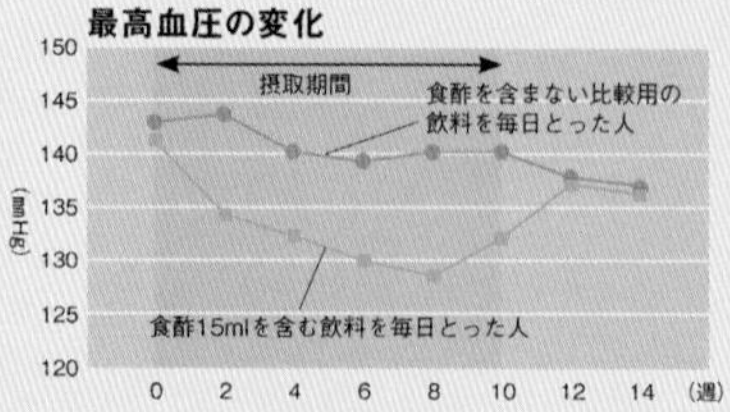

12週継続摂取による腹部内臓脂肪面積の変化

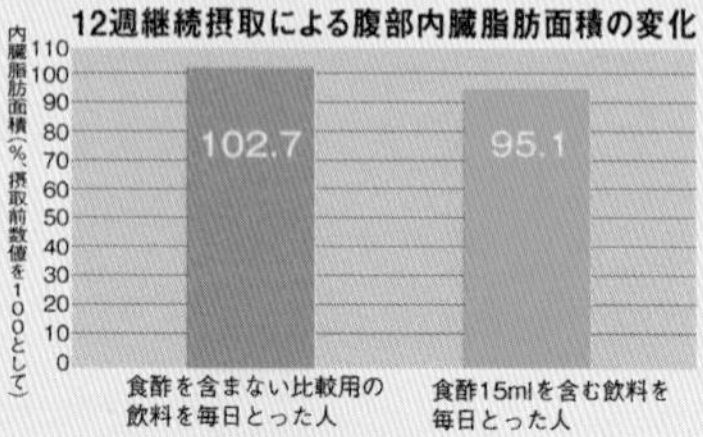

血中中性脂肪の変化量

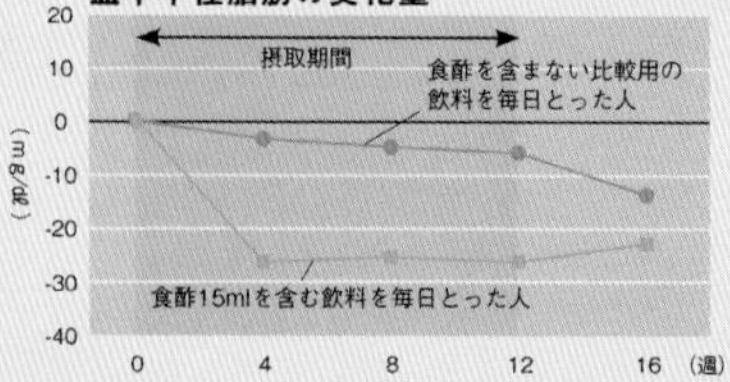

体重変化量

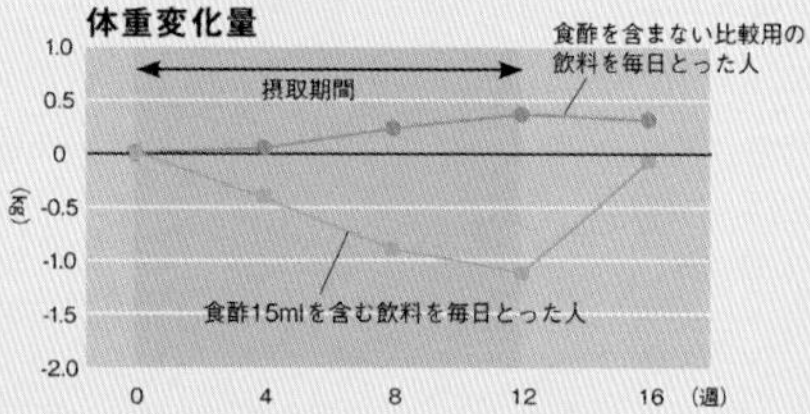

〈試験の概要（内臓脂肪、体重、中性脂肪）〉肥満気味（BMI:25-30kg/㎡）で平均血中中性脂肪が 155.5mg/dl の成人男女に食酢約 15ml を含む飲料、または含まないプラセボ飲料を1日1本、朝晩2回に分けて12週間摂取してもらった。
〈試験の概要（血圧）〉血圧が高め（最高血圧：130-159mmHg、最低血圧 85-99mmHg）の成人男女に食酢約15mlを含む飲料、または含まないプラセボ飲料を1日1本、10 週間毎朝続けて摂取してもらった。
※グラフデータはすべてミツカングループ提供。冊子『やさしいお酢のはなし』（ミツカングループ作成）より。

は、ガイドさんがミツカンの歴史を説明してくださいます。

半田はもともと酒づくりが盛んな地域。ミツカンの創業家・中埜家も、造り酒屋を営んでいました。1804年、当主の又左衛門は大都市江戸に行き、当時流行っていた「早ずし」（江戸前寿司の原型）と出会います。早ずしに使われていたのは、高価な米酢。「酒粕を再利用した粕酢をつくれば、より安く美味しい寿司ができるはずだ」と閃いた又左衛門は、半田に戻り本格的に粕酢づくりを始めます。そして半田から江戸へ、弁才船を用いてお酢を運んで売り、甘みやうま味を備えた粕酢は江戸で評判となったのです。ミツカンはそれから現在まで歴史を紡ぎ、伝統と品質を守るとともに、時代や社会の変化に適応した新たな商品を発信し続けてきたのです。ちなみに、お馴染みのミツカンマークが誕生したのは1884年。3本の線は上から「味、利き（酸っぱさ）、香り」を表し、下の○には「これらを丸くおさめ、天下一円にゆきわたるように」という思いが込められています。

左から、穀物酢、三ツ判山吹、千夜。
三ツ判山吹は芳醇でまろやか、千夜はさらに甘みやコクが深い。

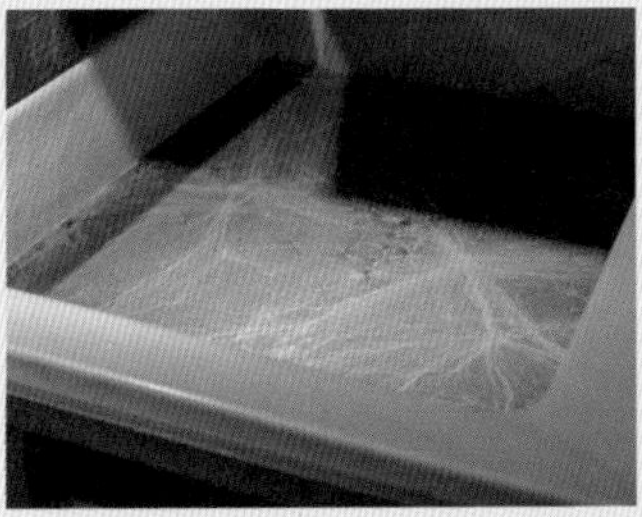

酢酸発酵で「山吹」がつくられている様子。表面には酢酸菌の菌膜が張られている。発酵途中の液体をかき混ぜずに表面だけで反応させる昔ながらの「静置発酵」でつくられるため、発酵が終わるまでに2週間ほどかかる。

案内の男性が着ていたのは、昔使われていた法被を再現した衣装。ミツカンマークや清酢の文字が描かれている。

純米酢ができるまで

1. 蒸した米に米こうじと酵母を加え、酒をつくる。
2. できあがった酒をろ過したものが「酢もと」となる。
3. 酢もとに種酢を加える。
   種酢の中の酢酸菌が空気中の酸素と反応し、
   アルコールを酢酸に変えていく（酢酸発酵）。
4. 味をととのえるため、1カ月ほど寝かせて熟成させる。
5. 味や酸味、香りを損なわないよう、
   ろ過・殺菌を行い、びん詰めをする。

ミツカン創業当時の粕酢は二代目の時に「山吹」と命名されましたが、ミツカンミュージアムの下の階にはその「山吹」を製造する工場があり、昔と変わらぬ製法でつくり続けられています。山吹を味わってみると、お酢の風味は感じるのに甘い！ 甘味調味料を使わなくても美味しいお酢は、江戸の寿司文化で需要があったのも納得です。

ミツカンのお酢づくりの長い歴史や想いを知ることで、半田の歴史、江戸の食文化にも触れることができました。

豚とシャキッと人参のライス

材料（2人分）

人参　1/2本
生姜　1/2片
しめじ　1/2パック
玉葱　1/2個
豚ロース薄切り　200g
（バラ肉でも可）
米油　大さじ1
（ほかの油でも可）
唐辛子　1/2本
ナンプラー　大さじ1と1/3
（醤油でも可）
塩　2つまみ
米酢　60cc
みりん　大さじ1
ごはん　好みの量
青紫蘇　2枚

つくり方

1. 人参と生姜は千切り、
しめじは石づきを除き手でほぐし、
玉葱は薄切りにする。豚肉は一口大に切る。

2. フライパンに油を熱し、豚肉、唐辛子、
生姜、ナンプラー大さじ1を入れて強火で炒め、
途中でしめじ、塩、米酢、みりんを入れる。
豚肉に火が通ったら人参を入れて混ぜ、
すぐ火を止め、ナンプラー大さじ1/3、玉葱を入れる。

3. 器にごはんと2を盛り、
ちぎった青紫蘇をちらしてできあがり。

手羽先の香草ビネガー煮

材料（2人分）

手羽先　6本
玉葱　1/2個
にんにく　1片
米油　大さじ1と1/2
（ほかの油でも可）
塩　2つまみ
水　100cc
米酢　100cc
ローズマリー　2本
オリーブの実　8粒
醤油　小さじ2
みりん　大さじ1

つくり方

1. 手羽先に塩を少々（分量外）かけておく。
玉葱はくし切り、にんにくは包丁の背などで潰して皮をむく。

2. フライパンに油とにんにくを入れて火にかけ、香りが出てきたら
焦げつかないように一度取り出し、手羽先の皮面を下にして強火で焼く。
皮面に焼き色がついたら、玉葱、塩を入れてさっと混ぜ炒める。

3. 2に水、酢、ローズマリー、オリーブの実、醤油、みりん、
取り出しておいたにんにくを入れ、強火で水分が飛ぶまで煮たらできあがり。

※ローズマリー、オリーブの実は省いて、ビネガー煮としても美味しいです。

秋

おやつえびし

埼玉県秩父市「えびし」

材料（えびし１本分）

A（混ぜておく）

- 小麦粉（薄力粉）　150g
- くるみ　70g
- ごま　20g
- あおさ（青海苔でも可）　小さじ１と1/2
- 柚子の皮（ミカンや柑橘の皮でも可）　10g
- 七味　少々

B（混ぜておく）

- 醤油　40cc
- きび砂糖　60g
- 水　大さじ１
- 干し柿　60g（種を除き、約１個分）

つくり方

1. くるみとごまは、煎って香ばしさを出す。
干し柿は２㎝角にカット、柚子の皮はみじん切りにする。

2. AとBをざっくり手で混ぜ、
干し柿も入れてひとまとめにしたら、
手で棒状に伸ばす（目安は長さ18㎝直径４㎝ほど）。

3. 蒸し器にキッチンペーパーを敷き２を入れ、
水滴が落ちないように蓋と蒸し器の間に布巾を挟んで、
中火で20分蒸す。

4. 粗熱が取れたら、厚さ５㎜ほどにカットする。

※今回は干し柿を入れて甘みを足しました。
できたても美味しいですし、翌日以降はより味がなじみます。
冷蔵で２週間ほど持ちます。

手慣れた手つきで生地を捏ねる、笑顔が素敵な久美子さん。

今回は、郷土料理「えびし」を教えていただきに、埼玉県秩父に向かいました。秩父は四季を通してお祭りがあります。また養蚕業で栄えた町で、今でも10軒ほどの養蚕農家があります。

秩父駅から歩いて8分ほど、銘仙問屋を改装した秩父ふるさと館で、「カフェまいん」を営む番場久美子さんから「えびし」を教えていただきました。こちらでは、栃の葉で米や豆を包んだ「つとっこ」などの郷土食や自家菜園の野菜料理、40年物の糠床で漬けた糠漬、地元産のモルトウィスキーまで幅広く秩父の食を楽しめる店です。

秩父は傾斜地が多いため、主食は米よりも小麦粉や蕎麦が主流でした。番場さんが子どもの頃は、祖母から習ってうどんが打てたというほど、小麦粉は身近なものだそうです。

今回のえびしの主材料も小麦粉。元々は戦国時代の保存食だったそうですが、その後は海老の木型に入れて整形し、結婚式のお祝い膳にも

蒸したえびしは、冷ましてからスライスしていただきます。

登場しました。名前の由来は海老。当時の結婚式は近所の皆さんで準備し、式自体も1週間にわたったため、日持ちするもの、そしてめでたい形のえびしはハレの日の料理として重宝されました。子ども時代の番場さんも式場の障子に穴を開け、どんなお嫁さんが来たのかとワクワクしながら見ていたそう。

えびしの材料は、小麦粉、醤油、落花生、青海苔、七味、砂糖など。材料を練って俵型に整形し、蒸し上げます。できたてはもちろん、数日してから薄切りにして食べても、ほどよい噛み応えと食材の一体感があり美味。

今回、番場さんがつくってくれたえびしは、くるみと柚子、大豆を入れてアレンジしてあり、爽やかな風味もありました。

時代により、食べられ方も形も変化してきたえびし。おやつにも、常備する軽食、おつまみにもよさそうです。

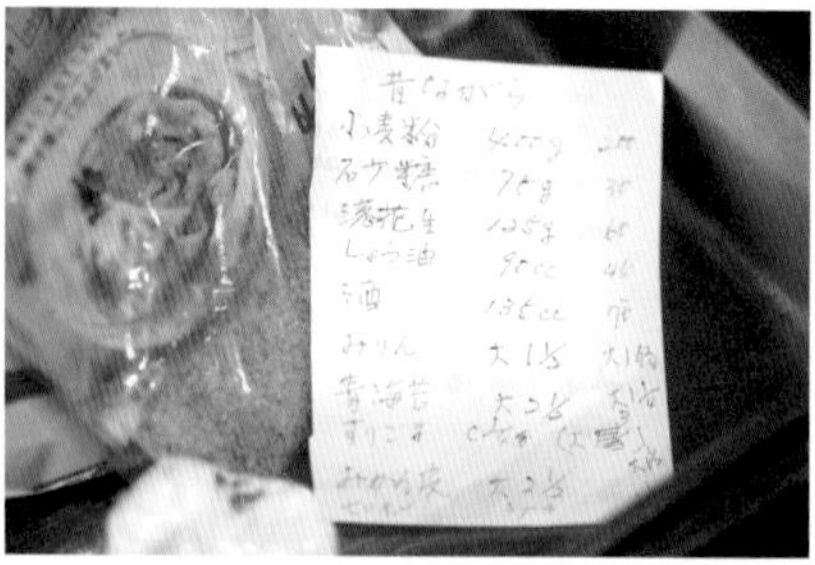

上／材料を大きな捏ね鉢でよく混ぜます。 中左／久美子さんの手書きのレシピメモ。 中右／蒸しあがったえびしは艶やか！ 下左／大葉長葱と小麦粉を焼く「たらし焼き」や、もち米と小豆を栃の葉で包み茹でる「つとっこ」などの郷土料理メニュー。 下右／郷土料理盛りだくさんのセット。

※現在「カフェまいん 吉田本店」に移転

埼玉県の郷土食

しゃくし菜漬け

オクないい！
シャキシャキ感！

標高が高い秩父で
白菜の代わりにしゃくし菜が
つくられ、漬け物にした。

たらし焼き

↑
生地を「たらし」て焼く

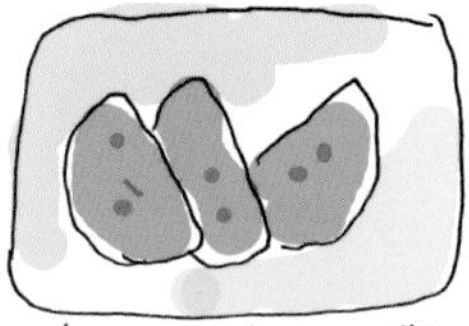

小麦粉、味噌、葱、
青紫蘇を混ぜて焼く

忠七飯（ちゅうしちめし）

のり
わさび
ゆず
出汁

炊きたてご飯にのり、
薬味、出汁をかけていただく。

なまずのたたき

「吉川にきて、なまず、
うなぎ、食わずなかれ」
江戸時代より。
吉川市

なまずをすり身にして
たたいて揚げる。

埼玉いろいろ

「深谷ねぎ」

深谷市

1年中、収穫され、旬は
「秋冬ねぎ」糖度が高い。

「小江戸の時の鐘」

川越市
城下町
鐘つき堂

江戸時代から時を告げた

「脚折雨乞」

龍神
雨降れ
たんじゃく…

江戸時代から続く、
庶民信仰の雨乞行事。

干し海老の沖上がり丼

静岡県静岡市清水区由比「沖上がり丼」

材料（2人分）

干し海老　5g
木綿豆腐　1丁
葉葱　2本（万能葱6本でも可）
醤油　大さじ2
みりん　大さじ2
生姜　1/2片
温かいごはん　お茶碗2杯分

つくり方

1. 生姜は皮つきのままみじん切り、
葉葱は斜め切りにする（万能葱なら、長さ3cmに）。

2. 鍋に豆腐を一口サイズにちぎって入れ、
葉葱以外の材料を全て入れる。

3. 強火で煮て、フツフツしてきたら葉葱も入れて
くったりしたら、ご飯にかけてできあがり。
好みで七味唐辛子をかけても美味。

桜えび漁の漁師のお嫁さんたち。子どもの頃の桜えびの思い出も教えてもらいました。

美しい桜えびの産地に、「沖上がり」という郷土料理があると聞き、東海道本線「由比駅」で降りて海沿いの漁船を眺めつつ、由比港漁業協同組合を訪ねました。今回、お話を伺ったのは、由比港漁協の女性部の方たち。皆さん、桜えび漁師の奥さまで、子どもの頃から桜えびが日常にあったそうです。

桜えび漁は、明治27（1894）年、別の漁に出ていたときに、あやまって網が深く沈み、偶然に桜えびが大量に採れたことから始まりました。当時は、千葉、茨城、秋田などから、漁を手伝うため出稼ぎに来る人もいるほどで、由比港の名産品となりました。

子どもの頃、親に注意されるときの決まり文句が「桜えび漁船に乗せるぞ！」だったというほど、大変な仕事だったそう。探知機のない時代、飯ごうごはんやおにぎりをたくさん持って夜から漁に出て行き、当時は港がなかったため、漁を終えて船を沖から上げるのは人力。寒い時

一面に桜えびが広がる丼は華やか。

期でも、腰まで海に浸かり、その作業をしていました。そんな体が冷えた早朝に食べていたのが「沖上がり丼」。大鍋に醤油、砂糖、酒を入れ、手でちぎった豆腐、桜えび、青葱、再び豆腐を重ね入れ、蓋をして火が通ったらできあがり。大鍋をみんなで囲み、ごはんにのせたり、お酒を呑んだり……。熱々の豆腐が漁師さんの体を温めてくれました。沖上がり丼は家庭料理としても食べられています。そのほか桜えびを使った料理は、干しえびの佃煮、釜上げなどがあるそうです。

桜えび漁の時期は、春（4月〜6月上旬）と秋（10月下旬〜12月20日頃）。資源保護のため、漁の時期を限定しています。桜えび漁は、夫婦船のように、2隻1組となって網を曳く方法。現在の漁は当日帰港するそうですが、昔は夕方に出航した船が朝帰ってくる景色がほんとうに美しく、その景色を見て涙を流し、漁師に惚れて結婚した方もいるほどだそうです。

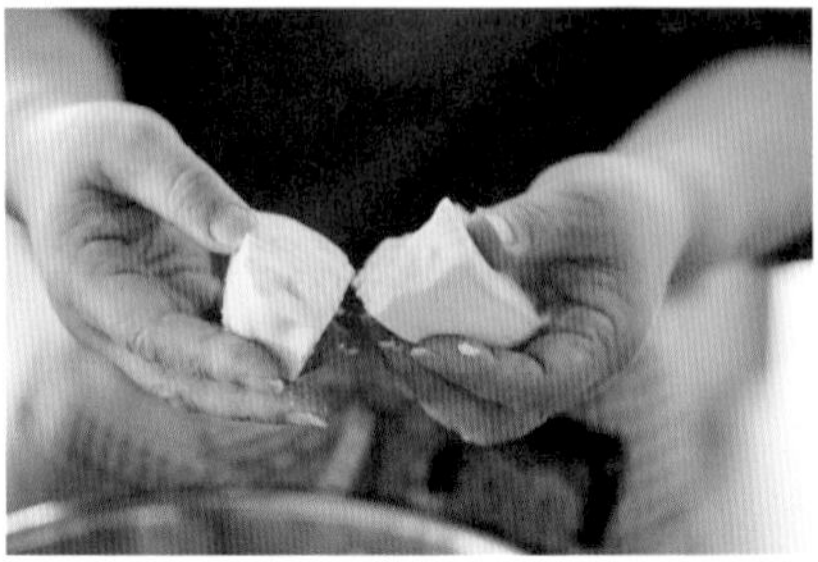

上左／鍋に材料を何層かに重ねて煮る。　上右／豆腐は手でちぎり、味を染み込みやすくする。　中左／熱々の沖上がりをたっぷり盛り付け。　中右／昔話を伺いながらの料理時間は楽しいひととき。　下／新鮮で透き通るような色の由比産の桜えび。

静岡県の郷土食

たまごふわふわ

袋井市
ふわふわで

江戸時代 袋井宿の朝のお膳料理。
泡立て卵を出汁と蒸す。

静岡おでん

出汁粉・青のりをかける
黒い出汁
黒はんぺん

鶏や牛すじ、濃口醤油の
黒い出汁で煮こむ。

遠州焼き

歯ごたえよし。
浜松市
たくあん入

たくあん入りのお好み焼き!
戦後、三方原産たくあんで
つくられた。

黒はんぺん

いわし

いわしを骨ごとすりつぶした
黒いはんぺん。

静岡いろいろ

富士山も.

うなぎ

浜松市

うなぎ養殖発祥の地。
100年以上の歴史がある。

お茶とみかん

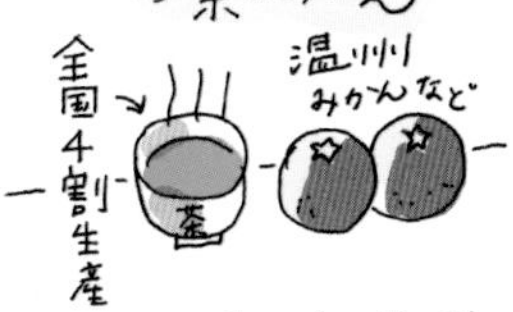

全国4割生産
温州みかんなど
茶

温暖な気候で
栽培が盛ん。

大室山

伊東市

標高580mの火山。
毎年山焼を行う。

鯖のせんべい汁

青森県八戸市鮫町「せんべい汁」

材料（2～4人分）

鯖缶　2缶（190g）
牛蒡　1本
人参　1/2本
糸こんにゃく　1袋
きゃべつ　適量
長葱　1本
椎茸　4個
しめじ　1袋
生姜　1/2片
南部せんべい（せんべい汁用）　4～8枚
日本酒　大さじ1
醤油　大さじ1
塩　小さじ1程度
煮干しの出汁　1,000cc（水でも可）

つくり方

1. 牛蒡はささがきにして水にさらしておく。
人参は千切り、長葱は薄く斜め切り、きゃべつは5cm角、
椎茸は石づきを取り3等分にカット、
しめじは石づきを取りほぐします。
生姜は皮をむき薄切りに、
南部せんべいは3～4等分に割っておく。

2. 鍋に出汁、鯖缶の汁、牛蒡を入れ沸騰したら、
糸こんにゃく、しめじ、椎茸、ほぐした鯖、
生姜、日本酒、醤油、塩（半量）を入れ煮る。
具に火が通ったら人参、きゃべつ、せんべいを入れ、1分30秒煮る。
長葱をのせて蓋をして、火を止め3分したら蓋を取り、
残りの塩は鯖缶の塩味をみながら調整して、
味をととのえたらできあがり。

石橋旅館は、大女将、女将、若女将（この日はお休み）三代で切り盛りしています。

青森県八戸市の中心地から電車で30分ほどのところにある鮫町。海岸段丘の美しい種差海岸があり、漁業も盛んなこの町に民宿石橋があります。元気に切り盛りするのは大女将、女将、若女将の３人。今回は、大女将の石橋チサさんと女将の石橋英子さんに旅館の定番の鯖と鶏肉のせんべい汁を教えていただきました。

せんべい汁とは、青森県南から岩手県北部地域で２００年以上前からある郷土食。小麦と水で練って焼いた南部せんべいと野菜などを煮た汁です。

岩手県九戸郡洋野町種市出身で山育ちのチサさんは、子どものころからせんべい汁が日常食。当時は「せんべい屋」があり、ゴマせんべいやせんべいの耳など、なんでも具材にしていたそう。当時は煮干し出汁で、たまにニワトリや山ウサギ、キジの肉を入れることもあったといいます。つくり方のポイントは、せんべい汁用のせんべいを使用すること。

煮込んだせんべいはもっちりとした食感！

鶏肉のせんべい汁は、水と鶏肉を煮てアクを取り、牛蒡、きのこ、出汁、濃口醤油と薄口醤油を入れ、日本酒、塩を少々、最後に南部せんべいときゃべつに火を通してできあがりです。

鯖のせんべい汁は、水、鯖缶の身をほぐし、牛蒡、きのこを入れ、さらに出汁、糸こんにゃく、塩、隠し味程度に濃口醤油、日本酒を入れ、最後に人参、南部せんべいを入れて煮ます。長葱をのせて蓋をしたまま火を止めてできあがり。

せんべい汁のつくり方は各家庭でさまざま。早速いただくと、せんべいのもっちり歯ごたえにびっくり！　出汁が染みた南部せんべいが美味しく、箸がすすみます。鶏肉はコクがあり、鯖はさっぱりしたうま味でそれぞれ美味。

せんべい汁を食べながら、チサさんと英子さんは、「民宿は大変だけど、全国に友だちができたのは幸せなこと」とやさしい笑顔で話してくれました。

八戸の市場のお母さんから、鯨の脂を購入。
野菜と煮込む、くじら汁のつくり方を教えていただく。

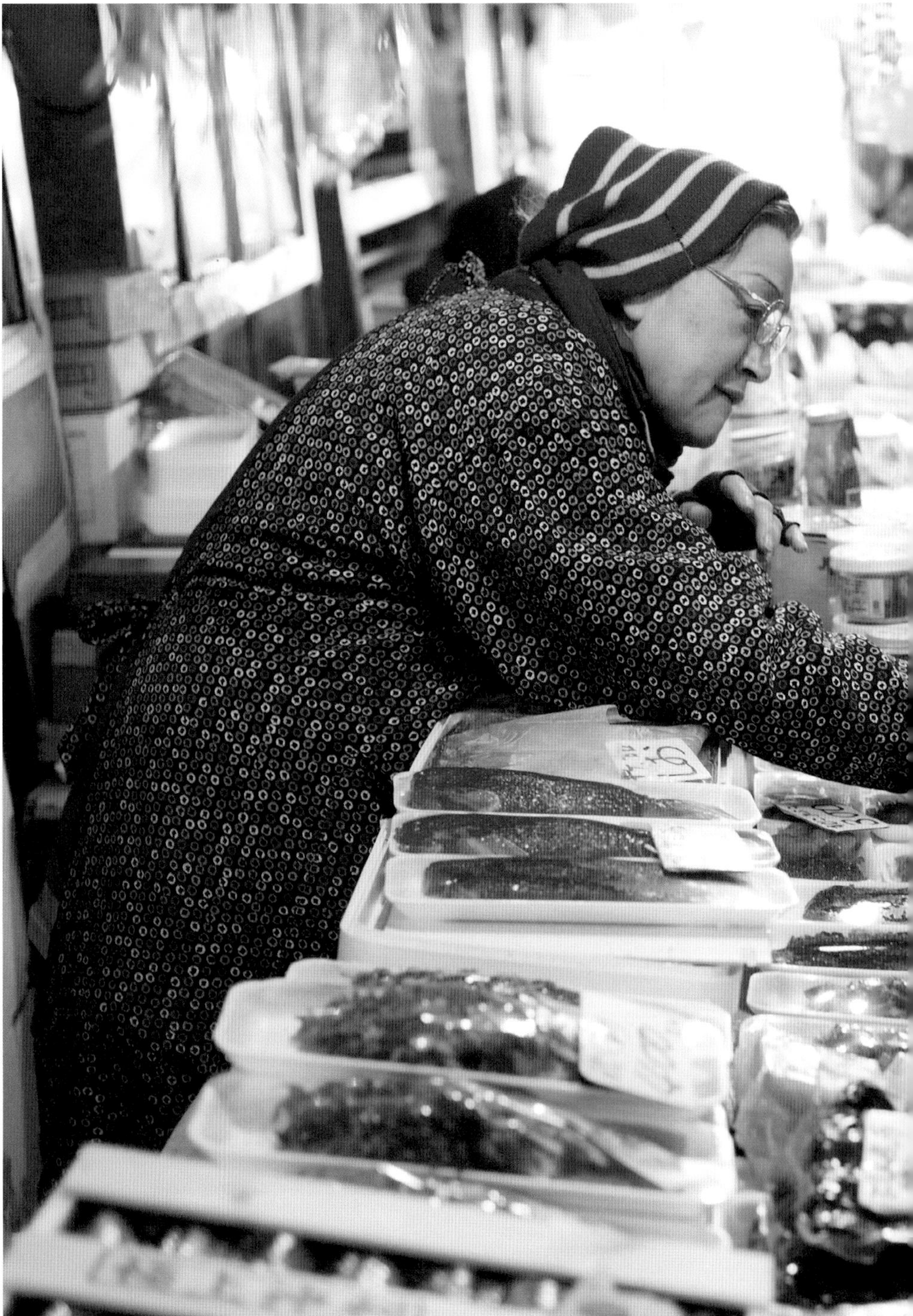

上左／できあがった鯖と鶏のせんべい汁　上右／せんべいを3～4等分に割るのは長年のコツが必要だとか。　中左／春の海藻はしゃぶしゃぶでいただきました。　中右／食堂で食べたヒラメと鮪漬丼。　下／種差海岸。芝生と海の造形美は多くの文人に愛された。

青森県の郷土食

すしこ

津軽地方
赤色が鮮やか!!

蒸しもち米、赤紫蘇、きゅうりなど乳発酵させたお米の漬け物。

若生おにぎり

若生＝薄い1年昆布

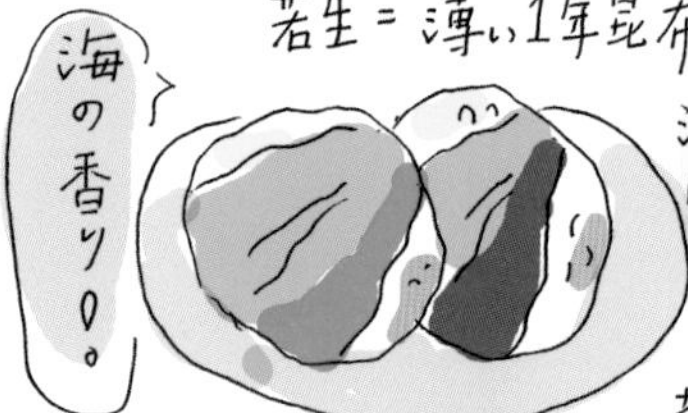
海の香り。
津軽地方北部

炊きたてご飯を、若生昆布で包んだ半月型おにぎり。

タコの道具汁

下北地方
タコの内臓
とうふ

漁師料理。タコの頭と足は売り、残りの内臓を汁にする。

かっけ

南部地方
つけて食べる
葱・にんにく味噌

そばか小麦粉の生地を薄くのばして三角に切る。野菜入鍋に入れタレでいただく。

青森いろいろ

こぎん刺し

津軽地方
白い模様
藍の麻着

江戸時代農民が紺作業着こぎんに白糸を刺し保温性を高めた。

えんぶり

豊作ねがい春を待つ
八戸市

農作業馬の首を象り、田仕事を表現。歌に合せて踊る。

寒立馬《かんだちめ》

尻屋灯台
下北半島

寒さと粗食に耐えた農用だった寒立馬が放牧されている。

冬

お揚げ入りきんぴらうどん

群馬県富岡市相野田「うどん」

材料（2人分）

牛蒡　1本（100gほど）
人参　1/2本
油揚げ　1/2枚
出汁用昆布　5㎝
白ごま油　大さじ2/3（オリーブオイルでも可）
水　200cc
唐辛子　1/2本
みりん　大さじ2
醤油　大さじ2
柚子の皮　少々（なくても可）
うどん　2玉（できれば太麺）
うどん汁　適量
小松菜のおひたし、長葱　適量（お好みで）

つくり方

1. 牛蒡は皮をこそげ、皮つきで長さを5㎝程度に切り、
幅5㎜くらいの細切りにし、水にさらしてざるにあげておく。
人参も長さ5㎝、幅5㎜の細切りにする。
油揚げは油抜きをしてみじん切りにする。

2. フライパンに油を入れて熱し、
牛蒡、人参を強火で2～3分ほど炒めたら、
水、昆布、みりん、油揚げ、唐辛子を入れて
ときどき木べらでかきまぜながら強火で煮る。
水分がなくなりかけたら醤油も加え、
さらに水分を飛ばしたら火をとめ、柚子の皮を足す。

3. 温めたうどんの麺、汁を器に入れ、仕上げにきんぴら牛蒡、
小松菜のおひたし、長葱をのせたらできあがり。

大人数分の茹で上がったうどんを水で洗い、ざるへ揚げる克美さん。

群馬県を車で走っていると、一面の麦畑によく出会います。地元の方はこの辺りの名物は特にないとおっしゃいますが、話をしていると、焼きもち（小麦粉とふくらし粉と味噌を混ぜて焼いたもの）、じり焼き（水分多めにした焼きもち）、おっきりこみ（野菜とうどんを煮たもの）、おまんじゅう、つみっこ（すいとん、だんご汁）などなど、たくさんの小麦粉料理が出てきます。

その中でも驚いたのは、最近は減ったそうですが、毎日のように家庭で手打ちうどんをこしらえていたということ。パスタマシーンのような家庭用製麺機も登場し、一家に1台あったそうです。

集まりの時に手打ちうどんを大ざるに盛ってもてなすと聞き、興味津々の私は、群馬県富岡市相野田に2世代で暮らす白石克美さんのお宅にお邪魔することに。大ざるにうどんを盛るのは、人寄せ（結婚式、お葬式）、お茶よび（お

宴の終盤に大ざるうどんが登場！　お惣菜もうどんと良い相性。

嫁さんをもらい近所にお披露目）の時など。近所の人たちで集まり、仕込みをします。おばあちゃんたちが力強くうどんを捏ねる姿の逞しさたるや。

さて、卓上には、季節の天ぷら、煮物、おひたし、およごし（野菜をくるみ味噌やごま味噌であえたもの）、きんぴらなどが並びました。手打ちうどんは大鍋で茹で揚げ、大ざるに盛っておきます。おつまみとお酒で宴がはじまり、終盤になるといよいよ手打ちうどんの登場です。うどんのお供には、卓上のお惣菜をお好みで椀に入れて。中でも、きんぴらを合わせると味に深みが出てなんとも美味しい！

白石さんが子どもの頃は、働き盛りの家族が畑仕事に行く中、家にいるおばあちゃんが3時のおやつに小昼飯（おこじごはん）として焼きもちを用意したり、時には学校から帰った子どもたちもうどんをつくったそうです。小麦粉料理は今でも美味しく存在していました。

上左／大人数分を茹でるため、外の竈で火を焚き茹で上げていきます。　上右／生地は手切りで。　中左／小麦と味噌、ふくらし粉などを手で捏ねて焼く「焼きもち」。　中右／各家庭にあったという家庭用製麺機。　下／克美さんの趣味だという手づくりの竹かごに揚げたての天ぷらを。

群馬県の郷土食

小麦料理がたくさん

おっきりこみ

埼玉秩父にもあり。

手打ち太うどん、野菜を煮こむ
「切っては入れ、切っては入れ」でこの名に。

ひもかわうどん

桐生地方

温・冷あり
1.5cm～
15cm

1mmの薄さ、幅の広～い
うどん！つるんとしたのどごし。

こしね汁

富岡市
甘楽郡
など

こんにゃく
葱
椎茸

名産「こんにゃく」と「しいたけ」、
「ねぎ」で、こしね。味噌汁。

焼きまんじゅう

あつあつが美味しい！

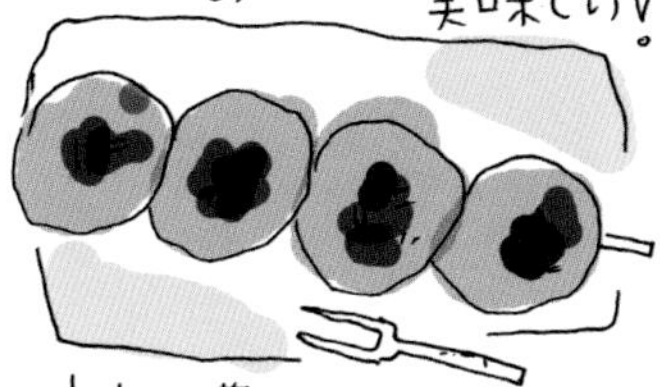

大きな蒸したまんじゅうを
甘みそダレをつけ、香ばしく焼く。

群馬いろいろ

「高崎だるま」

日本一の生産量

福

小林山達摩寺が発祥
200年以上使られている。

「こんにゃく、下仁田ネギ」

甘楽郡
下仁田ネギ

こんにゃく芋

こんにゃく芋は全国で9割以生産！ネギは太く甘い。

「白根山のお釜」

美しいエメラルドグリーン！

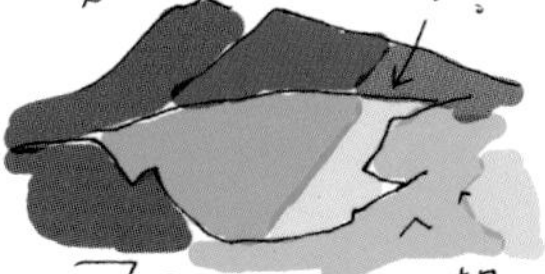

白根山 山頂の火山湖。
火山ガスが水に溶け硫黄となり
エメラルドに。

黒胡椒風味の三平汁

北海道稚内市「三平汁」

材料（つくりやすい分量・4〜6人分）

鱈の切り身　2 切れ
白菜　1/8 個
人参　1 本
じゃがいも　2 個
大根　5cm
豆腐　1/2 丁
長葱　1 本
昆布出汁　800cc
日本酒　大さじ 3
塩　小さじ 1
醤油　小さじ 1
黒胡椒（胡椒でも可）　適量

つくり方

1. 鱈は切り身を半分にカットして塩を振り、
5分ほどおき熱湯をかける。
野菜、豆腐は食べやすい大きさにカットし、
白菜は茎と葉にざっくり分けておく。

2. 鍋に昆布出汁、大根、人参、じゃがいもを入れて火にかけ、
沸騰したら弱火で 10 分煮る。

3. 白菜の茎、鱈、日本酒、塩、醤油を加え、
ひと煮立ちしたら、白菜の葉、長葱、豆腐を加え、
火が通ったら器に盛る。好みで黒胡椒を振っていただく。

「できたよー。いっぱい食べればいっしょ！」とにっこり。

日本最北端の地、北海道稚内。稚内とは「minokamo」活動で最初にお世話になった町！　ほぼ毎年伺っています。

1年を通して海の幸の美味しさ、冬は一面の雪景色に、夏の海や島景色と、魅了される町です。稚内の台所のようなスーパー相澤さんの惣菜コーナーでは、郷土食「飯寿司《いずし》」（魚、野菜を酢、米、麹で漬け込んだもの）や、とんび（蛸《タコ》のくちばし）のほか、ハッカク、カジカなど、北海道ならではのものがたくさんあります。

冬には鱈《タラ》もたくさん捕れ、利尻島も眺めることができる海沿いでは一面に鱈を吊るし、棒鱈をつくる風景が見られます。その鱈を使った冬の郷土食「三平汁」。今回は、稚内商店街でペットショップ「カナリア」を50年営む、尾崎るり子さんに教えていただきました。

るり子さんは稚内の出身。子どもの頃から冬になるといつも近所の人が鱈をおすそ分けしてくれて、母親が石炭ストーブに鍋をのせてよく

こうしてスープ皿に盛り付けるとポトフのよう。

つくってくれたそう。当時は鱈が苦手であまり好きでなかったものの、今は亡き旦那さま、績《いさお》さんとの思い出の料理だそうです。人と話すのが大好きだったそうで、旅人を自宅に泊めることもしばしば。その時よくつくっていたのが三平汁でした。満州で生まれ育った績さんが、野菜スープで命びろいした経験からか、野菜たっぷりの三平汁がお気に入りだったとか。そんな経緯で、るり子さんも三平汁をつくるようになりました。

さっそく、皆さんといただくと、うま味がじんわり沁みるやさしい味わいで「べろうま!」(稚内の方言=とても美味しい)酒粕の三平汁もあるそうですが、尾崎家はこの塩仕上げです。この三平汁、稚内がロシアにいちばん近い町だからでしょうか。懐かしい味わいを感じつつ、異国のポトフのようにも。

寒い冬の稚内、体も気持ちもよく温まりました。

雪景色の中、真鱈を天日干しにして
しっかり水分を抜いて「棒鱈」に。

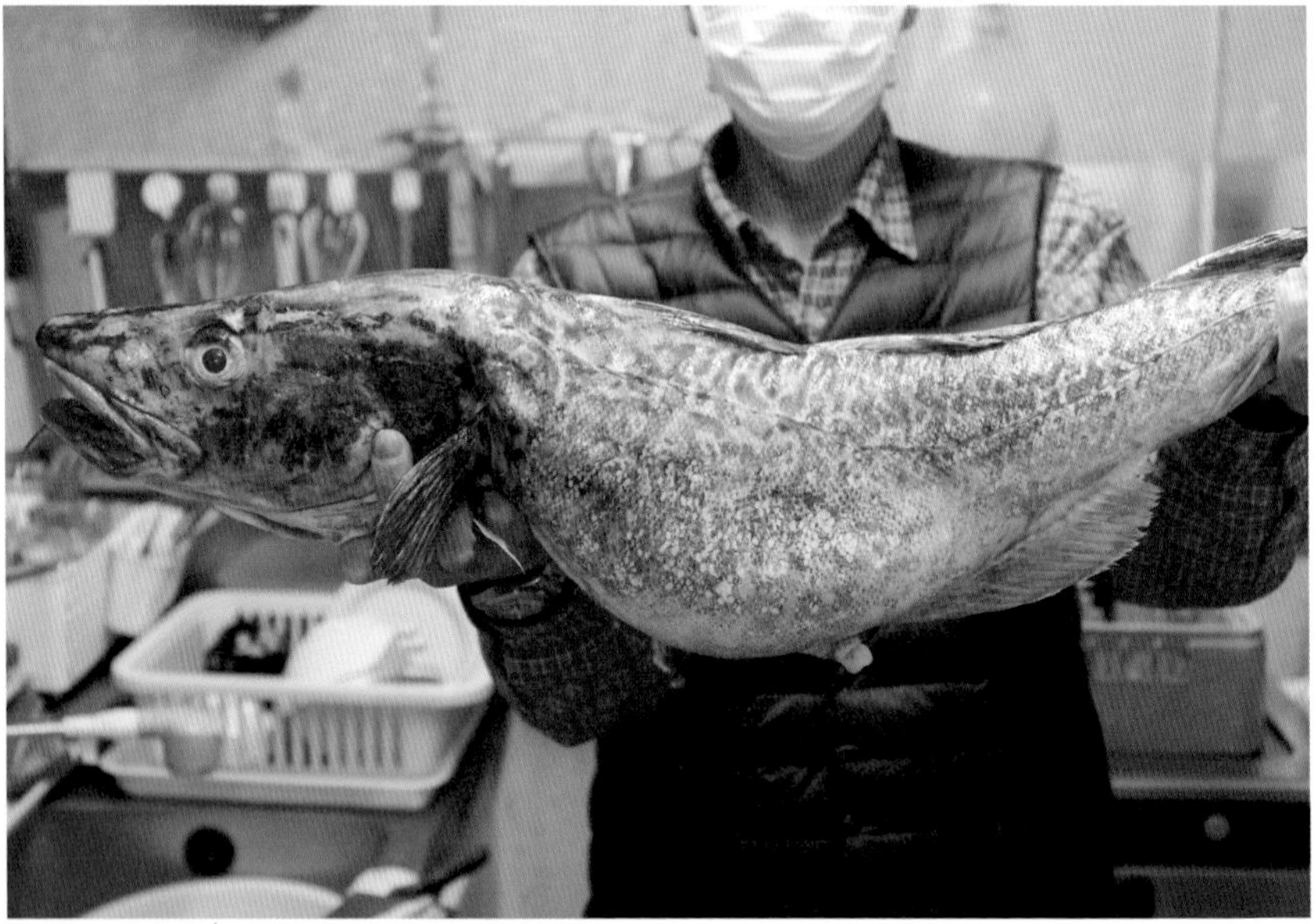

上／新鮮で立派な鱈！　冬の稚内では気軽に手に入るそう。　中左／お腹を開いて内蔵も美味しく食べます。　中右／雪景色に映える漁船に北国らしさを感じます。　下左／やっぱり大鍋でつくるのがいいですね。寒いと三平汁がなお美味しい。　下右／食卓の小皿には郷土食の飯寿司も並びました。

北海道郷土食

イカゴロルイベ

アイヌ民族発祥料理

塩漬けしたゴロ（内臓）を
イカの身で巻き冷凍にする。

飯寿司（いずし）

ハタハタ、鮭、にしん、ホッケ、
キャベツ
人参
など

ご飯と魚、野菜麹を混ぜて
漬ける。乳酸発酵食

はさみ漬

昆布
鮭
白菜

もともとは漁師町の漬物
海産物と野菜を層にして漬ける。

にしん漬

冬、各家庭でつくる

キャベツ
ニシン

身欠きニシン、キャベツ、人参、
麹などを漬ける。東北地方
にもあり。

北海道いろいろ

エゾヒグマ、キタキツネ
エゾジカ

北海道の山、森林に
生息している。

アイヌの織物

アットウシ（＝アイヌ織物）
樹皮で織る。

トラピスト修道院

「祈りながら働き、働きながら
祈る」修道士が暮らす。

五目煮味噌

愛知県岡崎市「煮味噌」

材料（2人分）

里芋　4個
こんにゃく　1枚
牛蒡　1本
人参　1本
大根　15cm
厚揚げ　1枚

A（混ぜ合わせておく）
八丁味噌（豆味噌でも可）　80g
みりん　大さじ3
水　大さじ2

鰹節　3g
サラダ油　大さじ1
水　400cc

つくり方

1. 牛蒡は斜め薄切りにする。
皮をむいた残りの野菜と
こんにゃく、厚揚げは、ひと口サイズにカットする。
鍋に油を入れ、具材を炒める。

2. 1に水、鰹節を入れて煮て、
途中でAの味噌を加えて煮る。
煮汁が足りないときは水を足す。
具に火が通ったら、好みの汁の量になるまで煮たらできあがり。

※汁気を多くしたり、煮詰めたり、それぞれ美味しいので
お好みの加減で水分を調整してください。
仕上げに七味をかけても。

皆さんそれぞれのつくり方をわいわい話しながら料理してくださいました。

岡崎市は、徳川家康が生まれた岡崎城があり、八丁味噌の名産地。豆味噌文化はこの地域に長く根づいてきました。郷土料理を聞いてみると、おすすめいただいたのが「煮味噌」。味噌煮込みうどんや土手煮などの豆味噌料理（東海地方では豆味噌＝赤味噌の名称）は、私も馴染みがありましたが、三河地方でつくられているという煮味噌は初めての料理。今回は、岡崎市食生活改善協議会の皆さまに煮味噌を教えていただきました。

　煮味噌のつくり方は各家庭それぞれですが、常備菜や季節の野菜を赤味噌で煮込んだ料理とのこと。戦前から家族が集まる夕食には、土鍋を火鉢にかけ、煮味噌をみんなで囲んで食べていたそうです。

　今回の煮味噌は、数あるレシピの中の1例。つくりながらも、味付けについて皆さんからいろんな意見が出てくるほど。煮干しや鰹節と一緒に煮るのも特徴的。家庭によって汁を残して

昔は大鍋を囲んで食べました。しっかり味噌味でごはんがすすみます。

仕上げたり、砂糖は加えなかったり、練り物を入れることも。昔は卵を産まなくなった鶏の肉を入れていたこともあるそうです。

赤味噌は、岐阜生まれの私も子どもの頃から食べていましたが、煮物にするのは初めて。今までどうして思いつかなかったんだろう！　と思うほど、ごはんがすすむ美味しさでした。

皆さんがよくつくる赤味噌料理は、甘味噌をかける「味噌おでん」「土手煮」「味噌田楽」など。煮味噌のほかに、岡崎の祭り「家康行列」や一部の料理屋でつくられている、戦国武将たちの非常食「焼味噌」も教えていただきました。材料は、赤味噌、長葱、生姜、ごま、くるみ、青紫蘇。すべて混ぜて直径3センチほどに丸め、フライパンや網で表面の水分が飛ぶまで焼くんだそう。食べてみると、味噌の香ばしさがお酒にもごはんにもぴったり。赤味噌が三河の武将たちの戦力になったことが想像できる、うま味がぎゅっと詰まった美味しさでした。

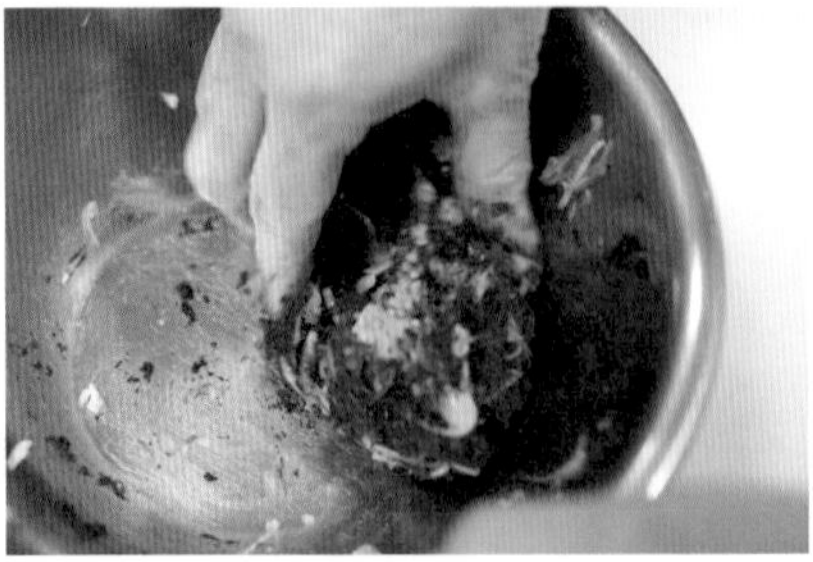

上／煮汁の残し具合はお好みで、いい照り！　中左／今日の材料はこれ。その時にある材料でつくることができます。　中右／岡崎の八丁味噌をよくといて入れます。　下左／味噌玉は味噌にくるみ、ごまなどを入れて栄養たっぷり。　下右／戦国時代、戦にも持っていったと言われる味噌玉。

愛知県の郷土食

赤味噌(豆味噌)料理編

味噌おでん

10日間煮こむ店も。

味噌で煮こんだうま味
コクあり!のおでん。

酢味噌そうめん

そうめん
味噌

酢味噌をかけた、そうめん。
さっぱりそうめんと味噌の好相性。

味噌煮込みうどん

かしわ(鶏肉)を入れ、味噌と
鰹出汁で煮こんだうどん

もつ煮

七味もあう。

モツを大根、こんにゃくなどと、
味噌でじっくり煮こむ。

愛知味噌いろいろ

ふな味噌

ふなと大豆、味噌で煮る。
味噌で川魚のうま味が増す。

鉄火味噌

煮大豆、牛蒡、人参
甘味噌でよく炒める。

岡崎市八帖町

昔ながらの製法で八丁味噌を
作る。「カクキュー」「まるや八丁味噌」
の2蔵ある。

番外編

イギリス ロンドン「ミントソース」

豚のはちみつミントソース

材料（約４人分）

人参　１本
じゃがいも　１個
豚肩ロースブロック　400g
オリーブオイル　小さじ２

ミントソース
フレッシュミント　30g
はちみつ　大さじ４
レモン汁　小さじ１（白ワインビネガー、酢でも可）
オリーブオイル　大さじ２
パルメザンチーズ粉　小さじ２
くるみ　20g
塩　２つまみ

つくり方

1. 肉ブロックは塩（分量外）をふり、30 分ほど常温におく。
人参は皮をむき縦半分に、
じゃがいもは皮をむき一口サイズにカットする。

2. フライパンにオリーブオイルを入れて熱し、
豚肉の表面を焼いたら、じゃがいも、人参を入れる。
肉が半分隠れるまで水を入れ、
沸騰したら蓋をして、弱火で 10 分煮る。
火を止めたら蓋をしたまま 15 分置く。

3. フレッシュミントとはちみつの半量をさっと混ぜて
まな板に載せ、くるみも入れて粗みじん切りにする。

4. 3 をすり鉢に入れ、残りのはちみつ、レモン汁、
オリーブオイル、パルメザンチーズ粉、塩で味をととのえる。

5. 2 の豚肉を切り、4 をかけていただく。

庭の見えるテラスで紅茶と手づくりケーキでもてなしてくれました。

ロンドンではもちろんパブやアートなども楽しみましたが、今回の目的は故郷・岐阜県美濃加茂の食材、堂上《どうじょう》蜂屋柿（干し柿）と干しシイタケにロンドンの食材を使う企画レストランを開く機会がありうかがいました。果物豊富なロンドンですがなんと柿はなく、椎茸は「Ｓｈｉｉｔａｋｅ Ｍｕｓｈｒｏｏｍ」の名で売られる高級品です。

その時ご縁ができたのが、ロンドン郊外に住むやさしい笑顔のトニーさんと、デンマーク出身で料理が好きなインクさん夫妻。ご自宅の部屋には光が溢れ、庭にはたくさんの植物がありました。

ここで教えてもらったのは、イギリス料理の定番「ミントソース」。インクさんがふだんから家族やお客さまに振る舞う料理の一つです。この日は娘さんたちが遊びに来るということで、張りきって準備されているところでした。お庭に生えているミントを摘んで砂糖と合わせ

焼きあがったラム肉にたっぷりのミントソースをかけていただきます。

て刻み、すり鉢でつぶしたにんにくとビネガー、松の実、塩を混ぜたソースを、ラムにかけていただきました。ミントのさわやかな香りとラムの風味が相性よくてびっくり！　ポークにはアップルソースを使うこともあるそう。

ロンドンのお肉屋さんではミントソースでマリネしたラム肉、お肉用のミントジュレなどをよく見かけました。

料理を教えてもらったお礼に、ロンドンの材料でアレンジした岐阜県御嵩町の伝統料理・華寿司をお教えしました。ビーツでごはんを赤く染め、チーズを入れた紅白の華寿司は、インクさんの故郷・デンマークの国旗のようでした。

最後にインクさんは「最近は子どもと過ごす時間が少なくなりがちだけれど、一緒に食事をすると、みんなのことがよくわかるから、やっぱり食事の時間は大切ね」と言っていました。これからのおもてなし料理にお寿司も仲間入りしそうです。

上左／ロンドンの肉屋には、ラムや牛などの漬け込み肉も豊富。ミントソースもありました。　上右／摘みたてのミントを刻みます。　中左／オーブンに入れる前のブロックラム肉。　中右／岐阜御嵩町の華寿司をロンドンの食材でデンマークの国旗と同じ色合いにアレンジ。　下／緑溢れる夫妻の庭。

United kingdom

イギリスの郷土食

サンデーロースト

日曜のみ登場!

ヨークシャープディング
大盛肉

ローストした肉(ビーフ、ラム、チキン、豚)、野菜、ヨークシャープディングのプレート。パブで提供

スコッチエッグ

ひき肉
ゆでたまご

ゆで玉子を牛ひき肉で包み、パン粉をつけたフライ。

ジャケットポテト

ジャケット
=
ポテトの皮

皮付ローストポテトの切り目に、ツナマヨネーズ or チリコンカンなど入れる

シェパーズパイ

シェパード=羊飼い

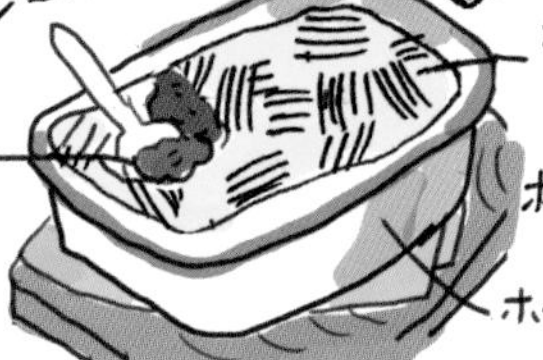

ひき肉
マッシュポテト
ホーロー

牛かラムひき肉をマッシュポテトをのせ、オーブンで焼く。

イギリスいろいろ

ビールもあり!

二階建てバス

London

ロンドンの街中で走行。展望よし!

アフタヌーンティー

紅茶と軽食、お菓子を楽しむ、社交場。

美術館・博物館

大英博物館

ロンドンに、ナショナルギャラリー、自然史博物館など多数の施設あり。

麦と手羽元夏野菜ソース

ベルギーで出会ったアルジェリア料理「クスクス」

材料（2人分）

A

麦メインの雑穀　150g
（もち麦130g　きび10g　黒米10g　各分量は好みで）
水　150g
オリーブオイル　小さじ1

トマト（大）　2個
ズッキーニ　1本
人参　1本
玉葱　1/2個
手羽元　6本
オリーブオイル　大さじ1
水　1000cc
醤油　大さじ1
塩　小さじ1/4～1/2（野菜の量により調整）

つくり方

1. 手羽元は塩少々（分量外）とオリーブオイルを入れ
混ぜなじませておく。
ズッキーニは、皮を向き縦に4等分し
長さ5cmにカットして塩（分量外）を混ぜなじませておく。
人参は皮をむき、縦4等分にしたら長さ5cmにカット。
玉葱はみじん切りにして、
トマトは湯むきして6等分のくし切りに。

2. Aを炊飯器に入れて、お米と同様に炊く。

3. フライパンに手羽元と玉葱を入れ中火で熱し、
手羽元の一部に焼き色がついたら醤油をまわし入れる。
水、人参、トマト半量を入れ沸騰して10分～15分程煮て
人参にある程度火が通ったら、ズッキーニの水分をのぞいて入れる。
時々混ぜながら10分程煮る。（水分が具の高さ半分以上残っていたら、
強火で高さ1/3程になるまで煮飛ばす）
残りのトマトを入れひと混ぜしたら、塩を入れて味をととのえる。

4. 炊きあがったAにかけてできあがり。好みでレモン汁をかけても。

※骨つき肉の出汁がポイント。もちろん雑穀でなくクスクスを使っても。

クスクスはていねいに手でほぐし、パラパラと軽かに仕上げます。

美味しいビールを呑みたいと初めて伺ったベルギー。修道士がつくったビールが始まりと言われており、今では数え切れないくらいの種類があります。ブリュッセルで名物山盛りムール貝やビールの煮込みなど楽しんだ後、友人伝いに紹介してもらった郊外に住むアルジェリア出身のラベーラさんを訪ねました。

ベルギーは多民族国家としても有名で、アフリカ人街もあります。ラベーラさんは30年前にアルジェリアを出て、ベルリン、オランダと移動し、今はベルギーで旦那さん、娘さんと一緒に暮らしています。「寿司教室に通っていたこともあるのよ」と嬉しそうに話してくれるラベーラさんは、料理教室をご自身でしていたことがあるほど料理上手！

今回教えてくれたのは、ベルギー料理と思いきやアルジェリア料理。ラム肉とチキンの2種類の定番のクスクスでした。クスクスとは、北アフリカで生まれた粒状のパスタ。モロッコ、

野菜とお肉もたっぷりのクスクス！　通常は一つの大皿でみんなで一緒に食べます。

アルジェリア、チュニジアを中心に、フランスなどでも日常的に食べられています。
クスクスは休日に時間をかけてゆっくりつくる料理だそうで、ラベーラさんは1カ月に一度、休日につくります。鍋を二段にして下で具を煮て上でクスクスを蒸す、とはなんとも機能的！　蒸しあがったクスクスにはバターを入れて混ぜます。夏はヨーグルトをかけたりもするそう。クスクスの上にソースをかけて早速いただくと、肉のうま味が染み込んだ野菜とソース、そしてふわっと軽やかなクスクスの相性の良いこと！　これはついついおかわりしてしまいます。カツオやマグロでつくるクスクスもあるそう。「お好みでこれをつけてね」と私も大好きな辛い調味料、ハリッサも出してくれました。「いつもはこのプレートでみんなで食べるのよ」と、直径50センチ以上あるプレートを見せてくれました。ベルギーでアフリカ料理に出会えるとは、思ってもみない展開でした。

上／アフリカ街には、生地屋やドレッドパーマができる床屋なども。　中左／町中にあるパブでは昼も夜もビール。 中右／市場ではきのこの種類も豊富。 下左／上の段でクスクスを蒸し、下の段で具を煮ます。下右／アスパラにラベーラさんから頂いたたんぽぽの葉、行者にんにくでソースを。

Belgium

ベルギーの郷土食

シコンのグラタン

シコン＝チコリ
冬の定番

くたってするまで茹でたチコリを入れたホワイトソースグラタン

カルボナード、フラマンド

牛肉をビールでよく煮こむことで、やわらかく仕上がる。

ムール貝ワイン蒸し

バケツ一杯!で1人前。

空の貝殻をトングにして食べることも。

タルト・オ・リ

ごはんの粒

お米のタルト。カスタードで炊いたお米を焼き上げたデザート。

ベルギーいろいろ

ビール

中世より修道院で作られている「トラピストビール」がベルギービールの始まり、とされている。

小便小僧

ブリュッセル
別名ジュリアン君

500年以上の歴史ある子供の像で噴水。

スペキュロス

サクッと軽い食感

シナモン、カルダモン、クローブなどスパイスをきかせた伝統的なビスケット。

暮らしと手料理　1

料理旅から、ただいま

ふるさとからのお土産レシピ

2020年10月2日　第1版第1刷発行

著　者　minokamo

発行者　山下武秀

発行所　株式会社 風土社
〒162-0821
東京都新宿区津久戸町4-1　ASKビル3-C
電話　03-6260-9315（代表）
電話　03-6260-9316（編集部）
FAX　03-6260-9317
http://www.fudosha.com

編　集　佐藤暁子・上野裕子

装丁者　鈴木佳代子

印刷所　株式会社 東京印書館

ISBN 978-4-86390-057-8
Printed in Japan